读客中国史入门文库

顺着文库编号读历史,中国史来龙去脉无比清晰!

知行合一
王阳明 2
四句话读懂阳明心学

无善无恶心之体，有善有恶意之动，
知善知恶是良知，为善去恶是格物。

理解这四句话，所有的困惑将变得清晰，
所有的犹豫将变成果断。

度阴山 著

江苏凤凰文艺出版社

图书在版编目（CIP）数据

知行合一王阳明. 2 / 度阴山著. -- 南京：江苏凤凰文艺出版社, 2024. 9. -- （知行合一王阳明大全集）.
ISBN 978-7-5594-8709-4

Ⅰ．B248.25

中国国家版本馆CIP数据核字第2024BE1231号

知行合一王阳明．2

度阴山　著

责任编辑	丁小卉
特约编辑	盛　亮　　沈　骏
装帧设计	读客文化　021-33608320
责任印制	杨　丹
出版发行	江苏凤凰文艺出版社
	南京市中央路 165 号，邮编：210009
网　　址	http://www.jswenyi.com
印　　刷	三河市中晟雅豪印务有限公司
开　　本	710 毫米 ×1000 毫米 1/16
印　　张	14.5
字　　数	166 千字
版　　次	2024 年 9 月第 1 版
印　　次	2024 年 9 月第 1 次印刷
标准书号	ISBN 978-7-5594-8709-4
定　　价	370.60 元（全六册）

江苏凤凰文艺版图书凡印刷、装订错误，可向出版社调换，联系电话：010-87681002。

目 录

序　篇　四句教——阳明心学的天机与纲要 / 001

第一章　无善无恶心之体——阳明心学的世界观 / 008

　　一、心是万物的尺度 / 009
　　二、心即世界 / 015
　　三、善恶只是一物 / 022

第二章　有善有恶意之动——阳明心学的人生观 / 029

　　一、人人皆可为尧舜 / 030
　　二、意志独立方有自尊 / 032
　　三、内圣外王 / 036
　　四、不过度，不执着 / 039
　　五、有善有恶是习气所染 / 046

第三章　知善知恶是良知——阳明心学的价值观 / 049

一、良知是道德与智慧的直觉 / 050
二、知行合一是提高效率的法宝 / 055
三、王阳明的普世价值观 / 058

第四章　为善去恶是格物——阳明心学的方法论 / 062

一、四事规：阳明心学的四诫 / 063
二、静坐：独处时的自我管理 / 068
三、事上练就是练心 / 071

第五章　此心光明，内圣外王 / 077

一、工作即修行 / 077
二、放下"我" / 084
三、责人与责己 / 089
四、此心不动，随机而动 / 092
五、心学养生法 / 099
六、心学之勇 / 102
七、知行合一就是杠杆原理：撬动天地万物 / 104
八、所以恐惧，良知不明 / 114
九、阳明心学与情绪控制 / 115
十、人生规划只能"致良知" / 119
十一、解决囚徒困境的"诚" / 122

第六章 王阳明心学的命运 / 127

一、王阳明心学的分裂——左派心学洪流 / 127
二、光辉的断头台——何心隐 / 135
三、心学巨子李贽 / 143
四、心学在清朝 / 152
五、心学改变中国 / 158
六、心学在日本有何影响 / 169
七、王阳明心学在其他领域的应用 / 178

附　录　《大学》——阳明心学的源泉 / 188

后　记 / 221

序 篇
四句教——阳明心学的天机与纲要

一

初春时节,到处郁郁葱葱,心学大师王阳明就在这生机盎然的天地间,为他的弟子们讲解心学。正津津有味时,一老农来求见。老农不是来听课的,而是想和他做一笔买卖。

老农说,最近家里财政状况堪忧,很多地方需要现金。可悲的是,他没有现金,所以决定将自己的一块田地卖给王阳明。王阳明当即拒绝。他说:"君子应成人之美,不可趁火打劫。你是农夫,田地是你的生存源泉,我若买了你的地,你是能解了近忧,可将来怎么办?"

王阳明决定,借给老农所需要的现金,还款日期不限。老农感激涕零,拿着钱千恩万谢地走了。

故事倘若到此为止,那就成了小故事大道理道德版,所以必有下文。下文就是：几日后，王阳明和弟子们到山水间游玩。在一处风景如画之地，王阳明看向山凹处一块田地，不禁赞叹道："你们看，那里面山背水，远看如菩萨莲花宝座，实在是风水宝地啊。"

有弟子试探性地问道："老师喜欢这块田地？"

王阳明眉飞色舞："怎能不喜欢？良知能知善恶，它告诉我这就是'善'的，我真是如喜欢美色（如好好色）一样喜欢这块田地。"随即，王阳明脸色呈现出遗憾的神情，"可惜它不是我的。"

该弟子笑道："它理应是您的，只是您舍了。"

王阳明迷惑地看着该弟子。

该弟子解释道："这块田地就是几日前那个来和您做买卖的老农的。他当初要卖给您的地就是这块地。"

王阳明"哎哟"了一声，人人都能听出他语气里的懊悔。

可语音未落，王阳明马上扼腕顿足，说道："我怎么会有这种想法?!"

众弟子茫然。

王阳明找了个地方坐下来，紧闭双眼，静如枯木。许久，才睁开眼，看到弟子们丈二和尚摸不着头脑的神态，他缓缓说道："我刚才的那想法就是私欲啊，欣喜的是，总算被我克掉了。"

众弟子恍然大悟。

其实讲这个故事不是目的，这个故事是"形而下"的器，我们真正要讲述的是这个故事背后的、"形而上"的道。这个道就是王阳明的"四句教"：

无善无恶心之体，
有善有恶意之动。

> 知善知恶是良知,
> 为善去恶是格物。

这里的"善"是中庸、中和、不偏不倚的意思;"恶"是过或不及的意思。"四句教"是阳明心学的精髓,同时也是简易明快了解阳明心学的工具,更是阳明心学的"天机"。那么,上面这个故事和四句教有什么关系呢?

王阳明的拥趸、明朝心学大师耿定向说,当然有关系。

当王阳明和弟子们在山水间游玩时,他的心坦坦荡荡、无牵无挂,是无善无恶的,这就是"四句教"第一句"无善无恶心之体"。可当他听到关于那片田地的所有信息并产生懊悔之心时,就说明他的意动了,这就是"四句教"第二句"有善有恶意之动"。那么,这个"意"是对是错呢?他扼腕顿足,就说明这个"意"是错的。错就错在,他不该有懊悔的想法,一懊悔就证明他想据为己有,据为己有的心是错心。那么,他是怎么知的呢?是与生俱来能知是非善恶的良知告诉他的!所以这是"四句教"第三句"知善知恶是良知"。他一知道错,马上就静坐,克掉这个错误的"意",去掉恶,保持善。最后,他如释重负,这就是"四句教"最后一句"为善去恶是格物"。

无疑,耿定向的这种诠释是阳明心学"致良知"的过程,或者说是程式、法则。那么,王阳明是如何解释"四句教"的呢?

二

1527年农历九月，王阳明被明政府起用，讨伐思恩（今广西武鸣县北）和田州（今广西田阳县北）。启程前，他的两位弟子钱德洪和王汝中举行了一场激烈的辩论，辩论的内容就是王阳明提出的"四句教"。

王汝中以为，这四句话前后矛盾。

钱德洪对王汝中的怀疑精神大为惊异，摆出一副热情的姿态向他讨教。

王汝中毫不客气地说："第一句，无善无恶心之体，既然心的本体是无善无恶的，由心而发出的意也应是无善无恶的。意既然无善无恶，意所在的事也必是无善无恶，那良知还做什么裁判？何必还要去格物？所以后三句是废话。"

钱德洪不语，王汝中更来了劲："如果意有善恶，良知要做裁判，在良知的指引下我们去格物，那就说明心体还是有善有恶的。这样的话，第一句话就是错话。"

钱德洪语重心长，拿出看透世事的长者对无知少年教诲的语气："你呀，看歪了。心体是天命之性，原本是无善无恶的。可是，这颗心会被外物沾染，外物一沾染，心发出的意自然就有了善恶。但心体仍知善恶，所以我们要为善去恶，为善去恶的目的就是恢复那心体。"

两人各执己词，辩得不可开交，只好请王阳明来裁夺。

王阳明听了二人的见解后，说道："两位的见解恰好可以互为补充，不可偏执一方。我开导人的技巧有两种：资质高的人，让他直接从本源上体悟。人心原本是晶莹无滞的，原本是一个中和。资质特高的人，只要稍悟本体就是功夫了。他人和自我、内和外一切都透彻了。而另外一种人，资质较差，心不免受到沾染，本体遭蒙蔽，因此就教导他从意念上实实在在为善除恶，待功夫纯熟后，污秽彻底荡涤，本体也就明净了。王汝中的见解，是我用来开导资质高的人的方法；钱德洪的见解，是我用来教导资质较差的人的途径。两位若互为补充借用，那么，资质居中的人都可被导入坦途。若两位各执一词，在你们面前就会有人不能步入正轨，就不能悟透真理了。"

这段话可以如此理解，对那些资质高（良知光明）的人，你只需和他说第一句和第三句：无善无恶心之体、知善知恶是良知，他一听到这话就明白了是什么意思。为什么呢？因为他的心体光明，始终在行良知，日用而不知罢了。

而对那些资质较差（良知被遮蔽）的人，你就要和他说第二句和第四句：有善有恶意之动、为善去恶是格物。他一听到这话就明白该在"念头"（意）上为善去恶，时刻警醒自己，我的"意"是有善有恶的，千万要谨慎，一定要正念头（格物）啊！

由于这次授业解惑发生在王阳明府邸的天泉桥上，所以这次讲学被称为"天泉证道"。"天泉证道"的最后，王阳明叮嘱二人道："我的心学宗旨就是这四句话，你等千万不可抛弃。来，跟我念一遍：无善无恶是心之体，有善有恶是意之动，知善知恶是良知，为善去恶是格物。"

这就是王阳明本人对"四句教"的解释，王阳明最喜欢和最擅长的就是"二合一"，比如知行合一、心理合一，同样，四句教也是无善无恶和有善有恶的合一。

阳明心学四句教是让人既自信、又不可自傲的教法：人人都有能成为圣贤的良知，它无善无恶，近乎天神的境界，这是我们引以为傲的。

良知会被遮蔽，发出的意却是有善有恶的，所以我们必须要诚意，为善去恶，以此来抵达清澈的良知，随时随地行这清澈的良知。

当我们的良知无善无恶时，就是我们最有力量、最有智慧之时。天下既在我手，更在我心。

三

是否还有别一角度来理解"四句教"？

答案是肯定的。众所周知，王阳明在"天泉证道"两年后就病逝江西，在人世间的最后两年中，他拖着病躯一直在广西境内剿匪，没有时间和精力继续深入阐述"四句教"。所以后人对"四句教"的阐释五花八门，让人眼花缭乱。

那么，为什么说"四句教"就是王阳明心学之纲？

因为"无善无恶心之体"是他的世界观，"有善有恶意之动"是他的人生观，"知善知恶是良知"则是他的价值观，而"为善去恶是格物"就是他的方法论。

王阳明主张心外无物，心是无善无恶的，作为万物的世界自然也是无善无恶的。在这个"无善无恶"、一团"和"气的世界上，我们要树立正确的人生观，这自然就需要心发出"意"。

而正如钱德洪所说，有些人的心体被沾染，正如世界观受外物影响一样，所以由此而形成的人生观必然有善有恶。令人欣喜的是，我们每个人都拥有知是非善恶的良知，人人心中都有完美的核心价值观。而我们所需要的就是用格物的方法论来为善去恶，自觉践行正确的价值观。

从"四句教"作为阳明学大纲的语境出发，我们可以这样说：如果每个人的世界观都如王阳明所说的那样把天地万物当作自己的一部分去爱，那他必会树立"内圣外王"的人生观，也会真诚恻怛地践行"致良知""知行合一"等心学核心的价值观，因为阳明心学有一套无与伦比的方法论：静坐与事上练。

"四句教"是一个正循环，正确的世界观会让人拥有善的人生观与价值观，当人人都拥有善的人生观和价值观后，会反过来自然而然地塑造善的世界观。如天地万物一样，生生不息，周游不止，一善百善，天下皆善；一和皆和，天下皆和！

对"四句教"理解的这第三点，即是本书的由来，也是本书的纲目。

第一章
无善无恶心之体——阳明心学的世界观

世界观,简单地讲,就是每个人对世界怎么看。其着眼点是物质和意识、思维和存在的关系问题。

那么,在王阳明看来,物质和意识、思维和存在是什么样的关系呢?或者说,王阳明的世界观是什么样的呢?

几万年前的黄昏,四个人类攀上参天大树欣赏落日。落日最后的余晖在人间消失时,整个世界融为一体,万籁无声。

第一个人类虔敬地说:"感谢神创造了这个美丽的世界。"

第二个人类不以为然,纠正他道:"世界是某种物质爆炸后诞生的,与神有何关系!"

"你俩真蠢!"第三个人类指着自己的心脏说,"世界是我心的反映。我心在,世界就在;我死后,世界也就没了。"

三人各执己见,吵得不可开交。最后一个人类从冥思中悠悠醒转,说道:"你们呀,良知不明,所以把这世界看得支离。"

三人异口同声质问他:"你认为这世界是怎么回事?"

此人回答:"天地万物本一体,无善恶之分。如果你们觉得世界万物有善恶之分,只是你们的心为它们分出了善恶。倘若心无善无恶,万物就无善无恶。这样看来,世界是什么样,我心说了算。"

这显然是第三个人的论调。前两个人类鄙夷地一笑,第三个人扬扬得意,但第四个人又补充道:"但没有这世界,我的心也就不称之为心。试想,世界万物不存在了,你的心还有什么用?躯体不在了,你的心脏还有什么用?所以我说,世界和我心,是互相感应互相依存的。"

多年以后,我们知道了,第一个人类的世界观是唯神论,第二个人类的世界观是唯物论,第三个人类的世界观是唯心论,第四个人类的世界观就是王阳明的世界观——不唯神、不唯物,也不唯心,只唯良知!

一、心是万物的尺度

1527年农历八月,赋闲在家多年的王阳明被明政府重新起用,皇帝朱厚熜命他到广西剿匪。王阳明当时已五十五岁,身体状况堪忧,但他毫不犹豫地去了广西。临行前,弟子钱德洪希望王阳明允许将《大学问》刊刻。

《大学问》是王阳明对四书之首《大学》的心学解析,据钱德洪说,它是阳明学的重要教科书。王阳明对每个来学习其学说的人,都会灌输其《大学问》。可以说,《大学问》是阳明心学的入门课和心学思想精髓。

很多弟子都希望王阳明能将《大学问》成之于文字，王阳明高深莫测地说："这种意思必须诸位口耳相传，倘若用笔写下来，让人当作文章去读，就没有意义了。"

钱德洪拒绝认可王阳明的话，他说，口耳相传固好，但流传百世之后，恐有口误，失了《大学问》的宗旨。

王阳明沉思许久，终于点头允许《大学问》成为文字。

感谢王阳明，更感谢钱德洪，使我们在今日能看到《大学问》的文字，正是《大学问》开篇的一段文字，使我们知道了王阳明的世界观："真君子，会把天地万物看成一个整体，把普天之下的人看成一家人，把全体中国人看作一个人。他们能把天地万物当作一个整体，并非有意为之，而是他们内心的良知使然。他们的良知和天地万物是一个整体的。"

这就是"万物一体"，或称为"万物一体之仁"，其实就用"仁"来贯通自己和万物。"仁"是儒家思想的重要概念，一般而言就是"爱"。中医把手脚麻痹的人称为"不仁"，由此我们可以知道，所谓"仁"就是具有痛痒的知觉，以生理的知觉，不断地觉悟道德性的东西，这就是仁！

在王阳明看来，这个世界应该是以我为中心，将天地作为躯干，把万物作为四肢百骸，然后用我的"仁"来对待我的躯干和四肢百骸，使躯干和四肢都得到我的仁，并最终成仁。

这岂止是理性的世界观，简直就是动人心魄的胸怀！

为何"万物一体"并非有意为之，而是我们内心的良知使然呢？王阳明举例说："当我们看到一个小孩儿要掉进井里时，必会自然而然地生出害怕和同情之心，这就说明我们的良知跟孩子是一体的。或许有人说，小孩儿是人类，大家是同类，看到他面临危险，会有这种心态。但是，当我们看到飞禽和走兽发出悲哀的鸣叫或因恐惧而震颤不已时，也会产生不忍心听闻或观看的心情，这也说明我们的良知与飞禽走兽是一体的。同样的道理，当我们看到花草和树木被践踏和折断时，也会产生怜悯体恤的心情，当我们看到砖瓦石板被摔坏或砸碎时，也会产生惋惜的心情，这就是说我们的良知与花草树木、砖瓦石板是一体的。"

很容易想象，当每个人都把别人的冷暖悲喜当作自己的冷暖悲喜时，就会油然而生一种使命感，我要爱天地万物，因为它们是我的一部分，正如我爱我的四肢一样。而每个人也注定将如此，因为我们每个人都有良知。

王阳明提出万物一体，无非希望每个人都发自良知地去爱人，爱世界，爱天地万物。这就是儒家苦口婆心教导世人的"仁"，在王阳明看来，"仁"就是致良知。那么，我们用良知去爱天地万物，是一股脑地铺天盖地去爱，还是有步骤、有层次、有轻重呢？

有人问王阳明：既然万物一体，那《大学》为何会说仁爱应有"厚薄"呢？

王阳明做了很详细的回答：这是天理如此，也是良知的答案。近处说，我们的头和手足就有轻重之别，如果非要舍弃一面，那肯定是舍弃手足而保留头。倘若刻板地主张万物一体，不分主次轻重，那当你的亲人和路人都快要饿死时，你的食物只能解救一个人，你解救谁？自然是你的亲人。因为天理如此，良知的答案如此。

我们要真切笃实地拥有一颗万物一体的仁心，就必须从眼前事做起，从你最亲近的人做起。然后循序渐进，真诚恻怛地致良知，最终就会迈入真正的"万物一体"之境。

但天下芸芸众生，能做到这一点的人凤毛麟角，原因就是我们的良知被私欲隔断，不能视天地万物和我为一体，而形成了间隔，无法贯通自己和万物。

在王阳明看来，我们之所以拥有这个世界，就是因为每个人要行这"万物一体"之仁。倘若没有这个，所谓的世界也就不存在了。阳明心学的一切理论、概念都建立在"万物一体"之上，它是阳明学的世界观，也是阳明学的基石。

有弟子问王阳明："人固然有良知，草木瓦石也有良知吗？"

王阳明回答："人是万物的尺度，这个尺度就是良知。所以人的良知就是草木瓦石的良知。如果草木瓦石没有人的良知，不可以称为草木瓦石。岂止草木瓦石，倘若天地没有人的良知，也不可以称为天地。因为天地万物和人原本是一体的，其发生的最精微之处，就是人心的良知。风雨露雷，日月星辰，禽兽草木，山川土石，和人原本也是一体的。因此，五谷禽兽之类，都可以养育人，药石之类，都可以治疗疾病。只因同此一气，所以相通。"

因为万物一体，所以王阳明极力主张"和"。"和"是中华文明的精髓，王阳明之前的儒家世界观认为，世界浓缩成一个字，那就是"和"。

它符合宇宙法则（上应天理），符合伦理道德（下合人伦），符合一切事物的自然规律（贯穿于万事万物之中）。

实际上，万物一体就是"和"，如果你真能万物一体，把天地万物都当成自己的一部分，你就能做到"老吾老，以及人之老；幼吾幼，以及人之幼"的四海一家、亲密无间的和睦和祥、和乐融融；你就能深刻领悟到"万物并育而不相害，道并行而不相悖"的和衷共济；你就能真诚恻怛地秉承"君子莫大乎与人为善"的信条而与人和善。

你更能发自良知地明白一件事：宇宙浑然一体，你中有我，我中有你，斗则俱损，和则两利。站在"和"的视角就是站在万物一体的视角，把天地万物当作自己的一部分，也就是用一种全世界、全球的观念来思考问题。

它告诉我们，无论是人类社会，还是凡具生命之世界，甚至是瓦石世界，都是以共存为基础。人和天地万物都是平等的，小到细菌，大到海底神秘的庞然大物，都是生命世界的一分子。

谁都没有资格不分青红皂白地剥夺天地万物的生命，因为在圣贤看来，天地万物都是我身体的一部分，没有人不会爱自己的身体，正如每个人都会对自己身体的痛痒有感知一样。

李大钊先生有句名言，能为王阳明的世界观做一个恰如其分的眉批：（中华文明是）为与自然和解、与同类和解之文明。

清人马士琼清晰地看到这点，于是说出了下面这段话："若能将阳明学施于一家，扩之四海，则大地皆红炉，而人心无歧路，谓为王氏（王阳明）之球图（国家）也，可谓为天下万世之振铎也。"

那么，在王阳明眼中，世界是如何来的呢？

这是个众说纷纭的问题。东方的盘古说："起初，我住在一个大鸡蛋壳里，太憋屈。于是我挥出一斧，劈开鸡蛋，蛋清上升是为天，蛋黄下沉是为地。"这就叫开天辟地。天地有了，但死气沉沉。盘古咬咬牙，痛快地自戕，他的身体自动自发地变成万物。西方的上帝说："创造个世界哪有这么难！我说，要有光，于是有了光；我说，要有万物，于是有了万物。"

朱熹对这两种创世论嗤之以鼻，他说世界生成的过程既不简单也不难。混沌时期，各处都充盈着"气"，这个气就如同煮饭锅里的气一样，是一种物质。气从下面滚到上面，又从上面滚到下面。这个气只做一件事：滚。

滚来滚去，万物形成了。

气永远处于由静止到运动再到静止的循环状态中，这就是所谓的"动静"。气处于"动"的状态时，我们称它为"阳"；处于"静"的状态时，我们称它为"阴"。

"阳"气凝集而成为木、火两个元素，"阴"气凝集而成为金、水两个元素。而土元素很有个性，它先天地而生，并且就藏在木、火、金、水四个元素之中，没有了土，其他四个元素也就不存在。这就是阴阳五行，阴阳五行生万物。

到此，朱熹的世界观明朗得很：作为物质的气创造了世界，这是典型的唯物主义，至少是朴素的唯物主义。但他头脑一热，扭身奔岔路去了。

他说，"气"能创造天地万物，是因为它遵循着个"理"。

"理"是理学的金字招牌，据说是程颐所创。朱熹说，它是宇宙、万物的根据，是使宇宙、万物自然而然那样存在的原理。譬如，做人要厚道，这是自然而然的原理。如果做人刻薄，那就是岂有此理?！

朱熹觉得，"理"在"气"先，有"理"才有"气"。

王阳明觉得朱熹在这个问题上跑偏了。他说："理是气的条理；气是理的运用。没有理那就不是气，不存在没有理的气；没有气那就不会有理，没有无气而有理的。"

王阳明用这段话告诉我们，世界是由物质"气"构成的。无疑，这是货真价实的唯物论。

但他同时也认为，作为物质的"气"并非是随心所欲地创造了世界，它遵循着一定的原理——理。与此同时，原理不能凭空存在，必须依附于物质"气"。

比如在各个星体未形成前，万有引力是不存在的。万有引力的存在，必须要有各个星体的存在。

也就是说，"理"和"气"是共生共存的关系，可视作一体，谁都离不开谁，不可分割。

二、心即世界

1508年，王阳明因得罪太监刘瑾而被发配到贵州龙场（今贵阳市修文县）驿站担任站长。16世纪的贵州龙场等同于原始森林，有毒的瘴气和各种猛兽活跃其中。有一天夜里，一头熊晃晃悠悠走进王阳明居住的石洞，险些把王阳明做成夜宵。

除了残酷的大自然，当地还有一言不合、拔刀就上的野蛮土著。更要命的是，王阳明缺少食物。他先是做采集者，大自然的馈赠毕竟有限，而且有的野生植物有毒，王阳明毕竟不是神农氏，中毒一次后就再也不敢胡乱吃了。于是他又变成耕种者，对于过惯了公子哥儿生活的王阳明而言，这简直就是地狱般的生活。

就是在这种挑战人类生存极限的场所，王阳明并未丧失信心，他每天都静坐思索。静坐在当时有两个好处，一是可以思索，二就是减少活动量，从而减少食量。

经过头脑中的风起云涌，王阳明终于问出了一个好问题：倘若孔子身处这样的境地，他会怎样？倘若尧、舜、周文王、周公被赶到这个鬼地方，他们会如何应对？

他这是想从心外的古圣先贤那里寻找智慧而突破困局。

后来他又想到朱熹。按朱熹的思路，此时此刻，应该去向心外寻求生存智慧。

如果朱熹是王阳明，那他肯定去找狗熊，问它你是怎么生存下来的？狗熊会告诉他，能吃到小动物时就吃小动物，能吃到人就吃人。朱熹还会去问土著，你们为什么过得如此快乐？但他和土著言语不通，所以问了也是白问。朱熹更会问龙场的一草一木，尔等如此生机勃勃，有什么生存之道吗？一草一木会告诉他，啊呀，我们从来没有想过这个问题，我们能如此，自然而然的啊。

朱熹从狗熊、一草一木那里得到这些信息后，肯定会跑回山洞，得到"理"：自然而然地吃小动物和吃人。这就是朱熹的"格物致知"：去外在的万事万物（物）上探究（格），得到（致）知识、道理（知）。

可王阳明对此有极大的质疑：求索来的道理，真的适合自己吗？纵然格出"理"来，我心能接受吗？难道真要我去吃动物，甚至吃人，而且还自然而然？

王阳明摇头叹息，心力交瘁，几乎精神错乱。突然有一天，他在恍惚的睡梦中突然惊醒，如魔鬼附体一样尖叫起来："啊，是了！是了！圣人之道，从我们自己的心中求取，完全满足。从前枝枝节节地去推求事物的原理，真是大误。实际上，'格'就是'正'的意思，正其不正，便归于正。心以外没有'物'。浅近而言，人能'为善去恶'就是'格物功夫'。'物格'而后'知致'，'知'是心的本体，心自然会'知'。见父知孝；见兄知悌；见孺子入井，自然之恻隐。这便是'良知'，不假外求。倘若'良知'勃发，就没有了私意障碍，就可以充足他的恻隐之心，恻隐之心充足到极点，就是

'仁'了。常人不能够没有私意障碍，所以要用'致知格物'一段功夫去胜私复理，使得我们的'良知'没有被遮蔽，能够充塞流行便是'致知'。'致知'就'意诚'了，把心这样推上去，可以直到'治国''平天下'。"

说完这段话，王阳明顿时觉得胸中异常畅快，如浩瀚的宇宙，无一丝尘埃。这就是心学史的开篇"龙场悟道"，归纳为八个字：吾性自足，不假外求。

这八个字如同神秘咒语，道破天机！

实际上，阳明心学是对朱熹理学的拨乱反正，它掀翻理学这座大山的第一步也是最根本的一步就是对"格物致知"的重新诠释。

"格物致知"是理学第一经典《大学》的"三纲"（明明德、亲民、止于至善）"八目"（格物、致知、诚意、正心、修身、齐家、治国、平天下）中"八目"的基石，是中华儒家哲学的起脚处，悟透它就等于找到了修齐治平的天梯。

王阳明觉得，朱熹对"格物致知"的理解大错特错。

他的理解是，"格"是"正"的意思，"物"就是事，就是意念所在处。

所谓"格物"，就是在事上正心之不正。比如我要吃饭，"要"是意念，"吃饭"就是一事。"格物"就是在吃饭这件事上矫正心之不正，其实就是要自己有个正确的吃饭念头！

王阳明在龙场的绝境中生存下来就是一事，"格物"就是在绝境中生存这件事上矫正心之不正。因为心上有良知，良知是无善无恶的，所以良知不可能不正，我们真正要"正"的是那个"意"，也就是"念头"。

面对绝境，王阳明有两种念头：一是悲观绝望要死要活，二是乐观勇敢积极面对。良知能知是非善恶，所以它会告诉你，第一个念头是错的，第二个念头是正确的，你要把第一个念头矫正过来，保持第二个念头。

那么"致知"呢？王阳明说，"致"是实现的意思，"知"则是良知。

如此一来，"格物致知"就是，在事上正念头而实现良知。回到王阳明身上则是，他在龙场绝境中生存这件事上正了念头，从而实现了良知。

这是个正循环：靠良知的指引在绝境生存这件事上正了念头，正确的念头反过来又实现、呼应、光明了良知。由于它是正循环，所以"格物致知"又可以称作"致知格物"，即

> 致吾心之良知于事事物物也。吾心之良知，即所谓天理也。致吾心之良知之天理于事事物物，则事事物物皆得其理也。所以，心即理。

由此可知，王阳明龙场悟道所悟出的道浓缩成三个字就是"心即理"，它同样也是王阳明的世界观之一。自龙场悟道后，王阳明走出低谷，意气风发，他所凭借的正是"心即理"这三个字。或许有人问，这三个字真有如此神奇功效，能让一个身处绝境、意志低迷的人瞬间就可脱胎换骨、旋乾转坤？！

按王阳明的解释，因为我心中有能知是非善恶的良知，所以天地万物之理都在我心中，不需外求。

当他在龙场驿站生不如死时，他没有到外界去请教土著如何生活，狗熊如何生活，他只是在心里求索：这种时候，我应该振奋精

神,而非半死不活。

这是他和朱熹对世界的看法与思维的截然不同之处:朱熹认为,解决问题的方法在别人那里;王阳明则认为,搞定困难的关键在自己,在自己的心中。天下间所有的道理都在我们心中,只看你求还是不求。只要你求,心能满足你所有的要求。

心,在物(物者,事也)为理。有此心即有此理,无此心即无此理。你有真心对待父母的心,就有孝的理;有真心对待君王的心,就有忠的理;有真心对待百姓的心,就有仁的理。如果你没有真心对待父母的心,就不可能有"孝"的理;没有真心对待君王的心,就不可能有"忠"的理……

心(也即良知)是手电筒,理就是手电筒的光,心要按下开关,理就没有任何借口地必须出现,心是理的主人翁。心不但是理的主人翁,还是"天地万物"的主人翁,它统一着世界万物,主宰着世界万物。

下面这段问答明白无误地道破了这点。

有弟子问:"为何说人心与物同体?例如,我的身体原本血气畅通。所以称同体。如果我和别人,就为异体了,与禽兽草木就差得更远了。但是,为何又称为同体呢?"

王阳明回答:"你只要在感应的征兆上看,岂止禽兽草木,即便天地也是与我同体的,鬼神也是与我同体的。"

弟子不明白。

王阳明问:"你看看在这个天地的中间,什么东西是天地的心?"

回答:"曾听说人是天地的心。"

王阳明又问:"人又把什么东西称为心?"

回答:"唯一个灵明。"

王阳明总结说:"由此可知,充盈天地之间的,唯有这个灵明。人只是因为这个躯体,从而把自己与其他一切隔离开了。我的灵明就是天地鬼神的主宰。天若没有我的灵明,谁去仰望它的高大?地若没有我的灵明,谁去俯视它的深厚?鬼神若没有我的灵明,谁去分辨它的吉凶福祸?天地鬼神万物,若离开了我的灵明,也就不存在天地鬼神万物了。我的灵明若离开了天地鬼神万物,也就不存在我的灵明了。如此这些,都是一气贯通的,岂能把它们隔离开来?"

弟子问:"天地鬼神万物是亘古不变的,为何认为没有我的灵明它们就不存在了?"

王阳明反问:"如今,看那些死去的人,他们的灵魂都游散了,他们的天地鬼神万物又在何处?"

王阳明的意思是这样的:由于万物一体,所以我们的心和世界万物是可以沟通的,正如你能沟通你的四肢百骸一样。人心对世界万物有所感,而世界万物就有所应。如果你的心不"感",那世界万物就不"应";只要你"感",世界万物必须"应"。这就说明,心统一着世界万物,主宰着世界万物。

王阳明说,人是万物的尺度,这个尺度就是良知,没有良知就不成为人心,人也就不是人了。

确切地说,良知是人存在的根本依据,自然也是万物存在的根本依据,所以"草木瓦石没有人的良知,就不能为草木瓦石;天地若没有人的良知,也就不能为天地"。

也就是说,是我们用良知为草木瓦石、为天地命名的,我们"发现""创造"了草木瓦石、天地。如果没有我的主观介入,它们就不能成为草木瓦石、天地。

换句话说,"心"不但是宇宙万物的主人翁,能超越时间和空间，同时还是一种强大的意志，能创造出整个人文世界。王阳明承认，世界是客观存在的，但这个世界应该什么样子，是由我心来决定的。有的人的世界黑暗无边，有的人的世界光明灿烂，这都是拜我们那个宇宙万物的主人翁的心一手所赐。

王阳明说"心即理"，实际上是号召人们以积极的人生态度、生命意识去面对世界、创造世界。同时又告诉人们，既然真的世界就在我心中，所以那个所谓的物质世界就是虚幻的，我们千万不可被它所遮蔽、所改造，而忘却、沦丧了人之所以为人的真谛。

心既然如此神通广大，是宇宙万物的主人翁，所有的一切都在它控制之下，那心外还能有什么呢？你不是不能去心外求索，而是根本就没有心外这个地方！

他的弟子徐爱对"心即理"很迷惑，问王阳明："一切道理、规则只从心中寻求，大概不能穷尽天下所有的事理。"王阳明斩钉截铁道："心即理。天下难道有心外之理乎？"

徐爱举了个简单的例子："比如侍父的孝、事君的忠、交友的信、治理百姓的仁爱，其间有许多道理存在，恐怕应该通过读书和向高手请问，才能知道'孝''忠''信''仁'这些道理吧。"

王阳明解释道："侍父，不是从父亲那里求得孝的道理；事君，不是从君主那里求得忠的道理；交友、治理百姓，不是从朋友和百姓那里求得信和仁的道理。孝、忠、信、仁只在你心中。心即理！没有被私欲迷惑的心，就是天理，不用到心外强加一点一滴。用这颗真诚的心，表现在侍父上就是孝，表现在事君上就是忠，表现在交友和治理百姓上就是信和仁。只在自己心中下功夫去私欲、存天理就行了。如果按你所说，这些道理在外面，那你的父亲去世了，你还明白'孝'的道理吗？"

徐爱点头："明白。"

王阳明笑了："那就对了，你父亲不在了，你却还知道'孝'的道理，说明这个道理不在外部你父亲身上，而在你心里。"

你如果没有孝的心，你的父亲对你而言是不存在的，所谓心外的父亲只是良知被遮蔽的人的看法。

当你良知光明时，根本就没有心外之事、心外之物，因为你和客观事物发生感应后，它就成了你心内的一部分。你必能以"理"相待！

三、善恶只是一物

有弟子向王阳明请教善恶。王阳明道："善恶只是一物。"

弟子大感不解，问王阳明："善恶两端，如冰炭相反，如何谓只一物？"

王阳明回答："至善者，心之本体。本体上才过当些子，便是恶了。不是有一个善，却又有一个恶来相对也。所以，善恶只是一物。"西方哲学家罗素也说，善恶如同一条路的上坡下坡，本质仍是那条路，其实是一回事。

为何善会有"过"或"不及"呢？或者说，恶是怎样产生的呢？

王阳明的回答是这样的："凡应物起念处，皆谓之意。意则有是有非，能知得意之是与非者，则谓之良知。"良知无有不善，这是毫无疑问的。但发出的"意"有是有非，所以"恶"是出现在"意"这个环节上的。

问题是，正如我们前面所谈到的，意由"心"发，而心之本体是良知。"意"本身也是出自良知，这样一说，"意"应该也是有善而无恶的。

可为什么会有"恶意"呢?

王阳明说,问题就在"应物起念处"。"应物"是"心"感于物而动,动时,稍不留意就会"动了气",这个气是习气,是在社会中耳濡目染来的不良习惯和作风。比如我的心感于饥饿,但习气会让我想吃大鱼大肉,这就是私欲,和"饥饿吃饭"这天理已背道而驰。

这样看来,"恶"的出现是在应物之际,是私欲萌动之结果。有人问王阳明:"意有善恶,诚之将何稽?"("意念有善有恶,这样该如何考查呢?")

王阳明用四句教回答他:"无善无恶者心也,有善有恶者意也,知善知恶者良知也,为善去恶者格物也。"

人再问:"意固有善恶乎?"

王阳明回答:"意者心之发,本自有善而无恶。惟动于私欲而后有恶也,惟良知自知之。故学问之要曰致良知。"

意思已很明了:恶既不在于良知之"心体",亦不在于无善无恶的"物体"。恶没有本体,只是由"心"而发之"意"。在应物起念时,才表现出善念、恶念的区别。

而所谓的"私欲"指的就是那些好色、好利、好名之心,这是毋庸置疑的。但王阳明同时也指出,"闲思杂虑"也属于私欲。

弟子陆澄就很不理解:"好色、好利、好名等心,固是私欲。如闲思杂虑,如何亦谓之私欲?"

王阳明笑道:"毕竟从好色、好利、好名等根上起,自寻其根便见。如汝心中,决知是无有做劫盗的思虑,何也?以汝原无是心也。汝若于货色名利等心,一切皆如不做劫盗之心一般,都消灭了,光光只是心之本体,看有甚闲思虑?此便是寂然不动,便是未发之中,便是廓然大公！自然感而遂通，自然发而中节，自然物来顺应。"

也就是说，我们平时的"闲思杂虑"并非是闲的、杂的，而是有所指。人在胡思乱想时可能会想好的，也可能会想坏的。人人都会想自己发财，人人也会想自己会碰上倒霉事。这些胡思乱想的背后，其实都是我们对名利的奢望和对我们怕失去的担忧，它们都属于非分之想。如果你看淡名利，如果你真看透生死，就不可能在平时胡思乱想。

当然，王阳明之所以说闲思杂念中也属于私欲，还因为闲思杂虑只存在于我们脑海中，还没有被实现。所以我们思虑的善恶、是非，并非如白昼和黑夜那样容易分辨。我们以为正在对未来憧憬，实际上却是贪欲。我们以为正在勾勒当一个伟大的人，实际上却是好名的私欲。在这些真假难辨的闲思杂虑中，很容易会让良知无法判断，最终会遮蔽良知。

所以王阳明说，一定要根除闲思杂虑，唯一的办法就是把那些影响闲思杂虑的私欲给克掉。

因为善恶本是一物，所以有弟子问他"心无恶念时，这个心就空空荡荡，是不是再需要存养一个善念"时，王阳明笑道："既然除掉了恶念，就是善念，也就恢复了心的本体。例如，阳光被乌云遮挡，当乌云散去后，阳光又会重现。若恶念已经除掉，而又去存养一个善念，这岂不是在阳光下又添了一盏明灯？"

在阳光下添一盏灯就是有念头要存善，王阳明说过这样的话："在心体上不能遗留一个念头，有如眼中不能吹进一丁点灰尘。一丁点能有多少呢？它能使人满眼天昏地暗了。这个念头不仅是指私念，即便美好的念头也不能有一点。例如，眼中放入一些金玉屑，眼睛就不能睁开。"

我们于此可以知道，无善无恶就是本心最自然的状态，它是心的本体。

由于心即理，心外无事、心外无物，心的本体是无善无恶，所以天地万物也应该无善无恶。这就是王阳明的世界观：天地万物无善无恶，我们对待天地万物的态度也应该是无善无恶。

下面这个故事极透彻地说明了这个观点。

王阳明的弟子薛侃有一天在花园中除草时，付出了许多汗水，所以哀叹道："为什么天地之间，善难培养，恶难铲除？"

王阳明当时就在花园赏花，听到薛侃的叹息，立即察觉到传播心学世界观的机会来了，于是接口道："你就没培养善，也没有铲除恶。"

薛侃莫名其妙，因为他劳碌了大半天，铲除了很多杂草，而且他经常浇灌花朵，这怎么能说是没有培养善，没有铲除恶呢！

王阳明发现了薛侃的疑惑，却没有继续深入这个话题，而是转到另外一个问题上去了："你呀，如此看待善恶，因为从形体上着眼，错误在所难免。"

薛侃这回如堕云里雾里，更不知王老师的话是什么意思了。

王阳明马上解释说："天生万物和花园里有花又有草一样。哪里有善恶之别？你想赏花，花就是善的，草就是恶的。可如有一天，你要在门前搞个草坪，草又是善的，草坪里的花就肯定被你当成恶的了。这种'善恶'都是由你的私意产生，所以就是错误的。"

薛侃吃惊地问："这不就是无善无恶了吗？"

王阳明正色道："天下任何事物本来就没有善恶，它之所以有善恶，全是你强加给它的。我问你，黄金是善还是恶？"

薛侃搓着手兴奋地说："黄金是大大的好东西，当然是善的。"

王阳明问："这要看黄金在什么地方。它在你手上，肯定是善的，可如果它在你胃里呢？"

薛侃摇头道："那这就是恶的了。"

王阳明又问："粪便是善的还是恶的？"

薛侃肯定地回答："那玩意儿肯定是恶的。"

王阳明笑了："粪便可以让庄稼生长，在老农心中，它就是善的。所以说，天下的万事万物哪里有善恶之分？都是人强行加到它上面的。同样是一座大山，旅游的人就认为它是善的，有急事要翻越它的人就认为是恶的。同样一个人，在朋友心中是善的，而到了他的敌人心中，他就是十恶不赦的。"

王阳明说，很多人都认为这个世界太残酷，因为我们总感觉自己常受到束缚，精神也不能自主，我们受到了客观条件的种种限制。实际上，我们之所以受到客观条件的限制，是因为我们和外物产生了对立。我们所以和外物产生对立，是因为我们总是以自己的标准来衡量外物，于是，就有了是非好恶之情。

当我们对外物有了是非好恶之情，就是给外物贴上是非善恶的标签，一旦你给它们贴上标签，它们就有了生命，反过来干扰你。也就是说，我们被客观条件限制，全是我们自己搞出来的。

薛侃万分地迷茫。

王阳明就举例子说，比如你刚才对野草发出的感叹，你就是给它贴上了"恶"的标签，对于"恶"的东西，人人都会动气，一动气，心情就受到干扰，你心情不好，这个世界就不会好！不仅仅是被你评价为"恶"的事物会对你产生干扰，就是被你评价为"善"的事物也会对你产生干扰。比如被你评价为"善"的黄金，表面上看是你喜欢它，你拥有它，实际上，当你喜欢上它时，它已经控制了你，时刻干扰你。它在你手里，你就过度兴奋，可当它遗失时，你必然过度忧伤,你已经成了它的木偶和奴隶。

或许有人会问,如果我们对任何事物都没有善恶之分,那岂不成了不必奋斗就可衣食无忧的和尚?薛侃就问王阳明:"您说的无善无恶和佛家的无善无恶有什么区别吗?"

王阳明严肃地说道:"当然有区别。佛教把'无善无恶'看得太重,总拿出来讲。而且他说完'无善无恶'后就什么都不管了。比如他说粪便没有善恶,哪怕床边就有一堆,他也不扫除。而我们心学说'无善无恶',是不要刻意为善,更不可刻意为恶。"

薛侃好像有所领悟,点头说:"既然草不是恶的,那么,我就不拔除了。"

王阳明吸了口气,说:"我才说完这是和尚的意思,你怎么就来实践了?如果草有妨碍,你就应该把它除掉。"

薛侃被王阳明弄得晕头转向,说:"这样不就是在有意为善、有意为恶了吗?"

王阳明说:"我说不刻意为善去恶,并非说全无'好恶',如果全无好恶,没有是非之心,那连和尚都不如,你就会成为一个麻木不仁之人。所谓'不刻意',就是说'好恶'全凭天理,再别无他意。就是不要刻意地和事物对立。你现在是为了保持花园,花园里有草,这就妨碍你了,它妨碍你,你就该把它拔除。如果没有拔除干净,你也不要放在心上。比如你今天拔了一天草,可还没有拔完,那你也不要晚上想着草,一想草,就会想到它是恶的,如此,你就和草对立起来,它主导了你的情绪。你不能控制情绪,自然会被情绪所控制。"

薛侃这次好像真的明白了,说:"看来,善恶全然与事物无关了。"

王阳明说:"当然。善恶在你心中,遵循天理即为善,为气所动即为恶。"

其实王阳明的意思只是想告诉我们,想有正确的世界观,就要取消我们和外物的对立。不以自己的好恶来评价外物,让外物按照它们自己的规律去发展。比如你被雨浇成了落汤鸡,不必恼火,因为雨就是要落到地上的,这是它的规律。比如你被别人诽谤,也不必愤怒,你不理它,它自然就按它的规律慢慢消亡。大风起的时候,要顺风走,不要逆风行,你要遵守风的规律,这就是顺应万物,不要和万物对立。

房子、车子、金钱各有它们的规律,它们也不过就是房子、车子、金钱,你不要给它们加上标签,让它们来指挥你,你不必把它们放在心上,只需要向前努力就是了。

当我们做到不以自己的私意来衡量外物时,我们就不会受到外物的限制和支配,我们就可以支配自己,使自己的心灵得以安放。由于心即是理,你的心灵安放了,这个世界也就好了。

第二章
有善有恶意之动——阳明心学的人生观

所谓人生观，直白而言就是，你的人生应该是什么样的，你应该成为一个什么样的人。

有人问理学鼻祖张载："你的人生观是什么？"张载当时正站在山坡上，清风吹来，白衣飘飘。他说："为天地立心，为生民请命，为往圣继绝学，为万世开太平。"

有人问未发迹时的东汉开国皇帝刘秀："你的人生观是什么？"刘秀垂涎欲滴道："当官要当执金吾（京城卫戍司令），娶妻当娶阴丽华（当时以美貌著称）。"

有人问东晋权臣桓温："你的人生观是什么？"桓温把长矛猛地插到地上，面向东方的红日，长啸一声："大丈夫不能流芳百世，亦当遗臭万年！"

如果你去路边问个乞丐："你的人生观是什么？"他会愣一下，然后拿出职业的微笑:"大爷,可怜可怜我吧。"

那么,在王阳明看来,我们每个人的人生观应该是什么样的呢?

一、人人皆可为尧舜

有一天,弟子王汝止外出归来。

王阳明问他:"一路上都见到了什么?"

王汝止平静地回答:"我看到满街的人都是圣人。"

王阳明笑笑,说:"你看满街人都是圣人,他们看你也是圣人。"

二人正在心照不宣地相视而笑,又一叫董萝石的弟子慌慌张张地从外面冲进来,神秘兮兮地对王阳明说:"我今天看到一件大奇事啊!"

王阳明问:"什么稀奇事?"

董萝石激动地直搓手:"我看到满街人都是圣人!"

王阳明笑笑,故作不屑:"这算什么稀奇事,再正常不过。"

"满街都是圣人"之典来自朱熹。朱熹当年在泉州看到当地浓郁的宗教文化氛围后,不禁大发感慨地说出"此地古称佛国,满街都是圣人"的赞语。

"圣人"这种稀世珍品很难得,如果不了解王阳明的心学精髓,肯定会认为他和两位弟子都精神错乱而说胡话呢。满街都是圣人,意为人人都是圣人,这种话语,王阳明说得很多。

他曾在一次讲学间隙对弟子们说:"人人胸中都有个圣人,只是不自信,又不肯努力,所以埋没了这位圣人。"

弟子们唯唯。

王阳明看着一位弟子说："你胸中有个圣人。"

这名弟子马上站起，慌张得很："不敢。"

王阳明叫他坐下，笑着说："众人皆有，你怎么就没有？天下万事都可谦虚，唯独这事不可谦虚。"

该弟子笑着接受。

王阳明扫视众弟子，先诵了自己的一首诗："个个人心有仲尼，自将闻见苦遮迷。而今指与真头面，只是良知更莫疑。"

然后他又语重心长地注解道："人皆有良知，圣人之学，就是致此良知。自然而致的是圣人，勉强而致的是贤人，不肯致的是愚人。虽是愚人，只要他肯致良知，就和圣人无异。此良知所以为圣愚之同具备，而皆可为尧舜者，以此也。"

这种论调是破天荒的。因为孔子和孟子都说，上智与下愚不移。意思是，上智就是上智，下愚就是下愚，大部分人无法成为圣人，所以大部分人是不平等的。但王阳明说：下愚不是不可移，而是不肯移；只要他移了，肯致内心固有的良知，那就是圣贤。

既然大家都是圣贤，或是潜在的圣贤，那人人就是平等的。这就是王阳明的人生观之一：要自信，人人都是平等的；不可自傲，因为人人都是平等的。你不比别人差，也不比别人高明。

1526年，王阳明的几个弟子去京城参加科举，回来的路上，他们向遇到的人讲授王阳明心学。让这些弟子大感意外的是，很少人相信，绝大多数人都持怀疑态度。他们大惑不解，问王阳明："老师的良知学，直指本心，一语道破，为何还有那么多人不相信？"

王阳明说："你们是怎么讲的呢？"

弟子们纷纷说了自己的讲授方法，这些方法都有个特点：居高临下，给别人灌输知识。

王阳明说:"你们这是扛着个'圣人'去给俗人讲学,俗人一见'圣人'来了,都给吓跑了,还有谁能用心来听呢?"

众弟子大为惊骇。

"你们如果把自己当成圣人,那人家也是圣人,不可居高临下。你们如果把人家当成是愚夫笨妇,自己也要成为愚夫笨妇。如此才是真讲学。"

就是说,人不能有凌驾于他人无论是品格、还是能力之上的傲慢,因为人人都是平等的。

有弟子吹捧王阳明:"先生如同泰山在眼前,若不知敬仰,就是没有眼珠的人。"

王阳明反问:"泰山不及平地广阔,你在平地上又能看到什么?"

人要做广阔的平地,勿做突兀的泰山!

二、意志独立方有自尊

心学是让人自信的学问,自信的基石就是自尊。成为一个拥有自尊的人,起脚处就是要拥有独立意识、独立精神,人只有在思想上独立,才有自尊可言:

> 夫学贵得之心,求之于心而非也,虽其言之出于孔子,也不敢以为是也;求之于心而是也,虽其言之出于庸常,也不敢以为非也。

这就是"不以孔子之是非为是非",深层含义则是,每个人应该有独立意识,不可活在权威和传统中。而独立意识的产生源于我们的良知,良知说是,即是;说非,即非。只以我良知之是非为是非。

拥有独立意志是王阳明心学的灵魂,这在心学入门课《大学问》中的开篇即已点出。

《大学》开篇为:"大学之道,在明明德,在亲民,在止于至善。"朱熹对这句话中的"亲"字有异议,他认为应该是"新"。

所以这句话用朱熹的口吻来解释就是,大学(相对于古代的小学)的宗旨就是弘扬光明正大的品德,让人弃旧图新,使人迈入完美无缺的人生境界。

王阳明则认为,就应该是"亲":大学的宗旨就是弘扬光明正大的品德,爱天下人,让人迈入完美无缺的人生境界。

一个是让人弃旧图新,一个是爱天下人,这就是朱熹理学和王阳明心学的不同之处。

"新民"和"亲民"到底有何不同,我们可以用下面的历史事实来说明。

西周初期,周公把姜太公封到齐地为王,把周公的儿子伯禽封到鲁地为王。

姜太公五个月后就来报告政情。周公问:"这么快?"

姜太公答:"我简化了政府的组织,礼节都随着当地的风俗。"

三年后,伯禽姗姗而来报告政情。周公问:"如此慢?"

伯禽回答:"我改变他们的风俗,革新他们的礼节,搞得我精疲力竭,总算完成了。"

周公说:"如此看来,后代各国必将臣服于齐啊!处理政事不简易,民众就不能亲近他;平易近人的执政者,民众一定归顺他。"

后来，齐国成为东方强国，一度称霸诸侯；而鲁国渐渐衰弱，龟缩在山东泰山脚下，渐渐被遗忘。

姜太公和伯禽的治国方略就是"亲民"和"新民"的区别。姜太公用的是"亲民"，也就是顺着百姓的心而用心，不仅关怀他们的生计，更关怀他们的心灵，不违背他们的意志，使他们有独立精神；而伯禽用的是"新民"，用权力按自己的意志来教化、启蒙，改造民众，使他们成为自己希望的那种人。

从这一点而言，"新民"就是统一思想，不管别人的意志和感受，强行使他们进入自己设置的轨道，使人的独立意志和独立精神彻底丧失。

人类的发展史告诉我们，你爱一个人，就该给他自由，身体上的自由和思想上的自由。你不喜欢被人强迫自己的意志，就不要去强迫别人的意志。

当人有了自尊后，确切地说是确信了良知后，用王阳明的话说，人就成了狂者。

"狂"不是丧心病狂、精神错乱，或者是目空一切的人，孔子把人分为四等：中行、狂、狷、乡愿。

"中行"是符合中庸的人，这种人生境界很难达到。而"狂"呢，古典儒家解释说，处于这种人生境界的人是果敢扬言，一心一意立志于古圣人的理想主义者，却被世俗认为言行不一而招致诽谤。

如果你连这种人生境界都不敢追求，那只好求其次，不屑于不洁之事，这就是狷者。至于乡愿，孔子爆粗口道："它是道德的贼！"孟子注解道："同流俗一个步调、与浊世同呼吸，态度似忠信，行为似廉洁，人人都喜爱他，是个老好人，尤其要命的是，他也认为自己的方式是对的。"

对于"狂"者，王阳明深有体会。他在江西平定朱宸濠之乱后，不知什么原因，谩骂责难他的声音越来越多。王阳明问他的弟子们："你们知道这是怎么回事吗？"

有弟子说，因为先生立下不世奇功，所以很多人都嫉妒先生，因妒生恨。还有弟子说，这是因为自先生的学说影响力已如泛滥的黄河一发不可收拾，而那些朱熹门徒自然要站出来反抗让他们耳目一新的学说。更有人说，先生建立了如此功勋，尊崇先生的人会越来越多，根据辩证法，那些排挤阻扰先生的人就越来越卖力。

王阳明摇头笑道："诸位的话都有道理，但并不是根本。最根本的原因是，未发现良知妙用之前，我对人对事还有点乡愿的意思，可我确信良知的真是真非后，就发现只要我按照良知的指引去为人处世，心情非常愉快，头脑格外清晰，不装体面，不在乎别人怎么看，由此就养成了'狂者'的胸襟。即便全天下人都讲我言行不符也毫无关系。古圣人说，狂者是一心一意立志于做圣人的理想主义者，我看应该是立志于我们固有的良知吧。"

这就是王阳明的人生观之一，狂者看上去实行起来难，但只要你不虚饰、不藏隐，照本心（良知）率直地行动就算成功。若犯了错误，只要改正即可，这是入圣的真大道！

这是自尊，那么无畏呢？

如果你信良知的真是真非，自然就有大无畏的精神气充盈你的心间，让你成为一个拥有独立意志、顶天立地的人。倘若有人强迫你的意志时，你该无所畏惧奋起反抗。王阳明说："只因世上的人把性命看得太重，也不问是不是该死还是不该死，一定要委屈地保全性命，就是这种保全才丧失了天理。一个人可以伤害天理，还有什么事干不出来？如果违背了天理，那和禽兽就没有分别了。假使在世上苟且偷生成百上千年，也不过是做了成百上千年的禽兽。我们为学之人，必须在这些地方看清楚、弄明白。"

儒家开山鼻祖孔子说："真可以称为人（志士仁人）的，向来是杀身以成仁，从来不求生以害仁。"这段话的意思是告诉我们，一个真正的人"不能为求生而损害人必须具备的要素——仁，应以牺牲自己来成全仁"。

王阳明的人生观之一即如此：心即理，违背良知指引而不奋起抗争，就是违背了天理。所以做人，应该在良知的指引下无所畏惧。遇到良知所认为的不公时要敢于抗争、善于抗争。因为万物一体，所以你为自己抗争时，就是在为别人抗争；为别人抗争，就是在为自己抗争。

波士顿犹太人屠杀纪念碑上有一段话，很能说明这点：他们接着来抓犹太人，我没有说话，因为我不是犹太人；他们又来抓工会会员，我没有说话，因为我不是工会会员；他们再来抓天主教徒，我没有说话，因为我是新教教徒；他们最后来抓我，这时已经没有人替我说话了。

三、内圣外王

王阳明认为，每个人的人生态度应该是自尊无畏，而人生目的则是内圣外王。

"内圣外王"是儒家门徒千年的理想，意为内有圣人之德，外施王者之政，即人格理想与政治理想的结合。连瞎子都看得出来，这不可能。所以最早提出"内圣外王"的不是拥有超强进取心的儒家，而是举着高调理想主义大旗的庄子。

所谓政治，就是人与人之间的关系，政治家就是处理这个关系的人。政治先天性的带有阴谋和血腥气质，它恰好和道德品质水火不容。儒家门徒千年以来，始终想把二者强扭到一起，可千年的历史证明："内圣"的人肯定无法"外王"，比如孔子，他的功业就乏善可陈；而"外王"的人肯定不是"内圣"，比如诸多的开国皇帝，哪个不是靠阴谋阳谋取了天下？

儒家面对"内圣"和"外王"的割裂，只能做一件事：干瞪眼。

王阳明以为，每个人都可以轻而易举地做到"内圣外王"，只要你明白"内圣外王"是怎么回事。他说，所谓内圣的"圣"不是外在的道德准则，而是你内心的良知。你内心的良知告诉你的是非对错就是你的道德准则，这个道德准则是按你良知的指引随时变化的：

> 良知即是《易》，其为道也屡迁，变动不居，周流六虚，上下无常，刚柔相易，不可为典要。

良知就是《易》，易之道就是变化，根据不同时期、不同地点和条件，表现为不同的形式和作用。如果你把道看成是固定不变的，那就大错特错了。同样，你把道德规则看成是固定不变的，那就更大错特错了。

打人违背道德，但当有人正准备把孺子扔到井中时，为了解救孺子，你只能打他。这个时候，打人就是道德的。欺骗是不道德的，但当你在无恶不作的敌人身边卧底，你对敌人倘若真诚不欺，非但不道德，而且极不明智。

"内圣"是我们不被遮蔽的良知，"外王"并非可用外在标准衡量的"功业"，而是行我们那不被遮蔽的良知：

> 立志用功，如树使然。方其根芽，犹未有干；及其有干，尚未有枝。枝而后叶，叶而后花、实。初种根时，只管栽培灌溉，勿作枝想，勿作花想，勿作实想，悬想何益？但不忘栽培之功，怕没有枝叶花实？

说得已很明显：只要你能用心栽培树芽，就必有枝叶花实；只要你能行那不被遮蔽的良知，就必能产生外在标准衡量的功业！

良知"变动不居""刚柔相易"，我们行它时自然也要"变动不居""刚柔相易"。也就是，不要拘泥执著，凡事以适宜为唯一准则：

> 义（适宜）即是良知。如受人馈送，也有今日当受的，他日不当受的，也有今日不当受的，他日当受的。你若执著了今日当受的，便一切受去；执著了今日不当受的，便一切不受去，便不是良知的本体。

听命于君主是忠，忠是一种道德品质。但在1519年，江西南昌的宁王朱宸濠造反，王阳明正奉旨去福建的路上，得知这一消息后，他立即抗旨不遵，返回江西和朱宸濠开战。这只是因为王阳明的良知告诉他，如果不能迅速平定朱宸濠，那江南百姓将大遭涂炭。他只不过在行良知而已。而其平定朱宸濠后来也成了他的"外王"标志之一。

由此可知，"内圣外王"就是致良知。只要你能致良知，那在任何领域都能创建功业。有人问王阳明：如果在声色货利上行良知，算不算？

声色货利始终是被儒家排斥的，认为它们全是人欲，没有天理。而王阳明却回答："当然算！只要你能真切笃实地行良知，偶尔碰到声色货利，就不会成为负担，自然会去依循良知并对它做出反应。良知仅在声色货利上用功，若能致得良知精精明明，毫无一丝蒙蔽，那么，即便与声色货利交往，也全符合天理。"

心即理，符合天理，即符合吾心，"内圣外王"后的功业自然而然产生，简直就是水到渠成。君王能"内圣外王"，就能成为真正的圣君；读书人只要能"内圣外王"，就能成为真正的圣人；生意人只要能"内圣外王"，就会成为富可敌国的王者。甚至是环卫工人，只要能"内圣外王"，也能成为该领域的翘楚。

在王阳明看来，这就是我们每个人应该具有的人生观，也是人生的终极目标！

四、不过度，不执着

王阳明的弟子陆澄有一天忽然接到家信，信上说，他儿子病危。凡是个爹，听到亲儿子有危险，就不可能无动于衷。于是他的脸马上呈现了忧苦状，心里更是万分忧愁，不能自已。

王阳明听他说了这件事后，居然有点小欣喜："啊呀，这正是大好时机啊！"

陆澄有点生气："我儿子可能要病死了，你居然说这是大好时机，你为何不说苍天有眼呢?"

如你所知,陆澄误会了王阳明。王阳明说的"大好时机"其实是这样的:"你现在正是用功时,如果错过这个机会,平时讲学又有什么用处?人就是要在这时候练心。"

原来,这是练心的最好时机,怎么练呢?

王阳明说:"父亲爱儿子,感情至深,但天理有个'中和'处,过分了就是私心。此时,人们往往认为按天理应该烦恼,就去一味忧苦而不能自拔,正是'有所忧患不得其正'。一般说来,七情的表露,过分的多,不够的少。但稍有过分,就不是心的本体,必然要调停适中才算可以。譬如,父母双亲去世,做儿女的哪有不想一下子哭死心里才痛快呢?然而,《孝经》中说:'毁不灭性。'并非圣人要求世人抑制情感,天理本身自有界限,不可超越。人只要认识了心体,自然分毫都不能增减。"

这个故事在《传习录》中相当有名气,它是阳明学方法论"事上练"最经典的案例解读。要通透了解这段话,首先应普及理学的基本概念。朱熹认为,人的心分为性和情两部分。性是天理,比如人心所固有的仁、义、礼、智、信。情则是欲,比如七情。朱熹说存天理去人欲,就是保存仁义礼智信,祛除七情。既然把人心所固有的七情祛除了,人心就不圆满,所以朱熹让人去万事万物上求索"理"来填补七情六欲的阵地。

这就是朱熹所谓的"性即理",而王阳明则说"心即理",就是性和情都是天理。

王阳明说:"喜怒哀惧爱恶欲,人称七情,七情都是人心固有的,从良知生发出来,需要良知去控制。七情好比浮云,良知好比太阳。太阳不会总停留在一处,但无论何处,只要有一线光明,就全是阳光所在处。天空即便布满云雾，只要太虚中还能分辨颜色和形式，便为阳光不灭处。

"不能仅因为云能遮日，就要求天不产生云。七情顺其自然地流露，也是良知在起作用。但是又不能太执着。执着、七情都称为欲，都是遮蔽良知的。当然，稍有执着，良知就会发觉。发觉了就会克除遮蔽，恢复本体了。"

把这段议论和陆澄的故事联系起来，我们就可知王阳明的人生观：每个人都有七情，但不能过度。陆澄半死不活的样子就是过度了，过度就是执着，死盯一点钻牛角尖。这就不是"和"，不是中庸。

不过度、不执著，不逆情、不立异，始终处于良知所指引的平衡状态，这就是贵和尚中。

怎样理解不立异、不逆情呢？

仅以陆澄的故事来说，陆澄在"哀"这个情感上过度了，所以是逆情，违背了良知所教导的人的情感。假设陆澄得知儿子病危的消息后，哭天抢地，绝食绝饮，奔走呼号，这就抵达了逆情的高境界：立异。

在王阳明看来，七情是人固有的情感，中和时是天理，过了就不是，太过就是立异，那简直就是丧良知的表现了。

什么是在人固有的情感上立异呢？

比如"守孝"，儒家认为，父母去世后，儿子应该守孝三年。王阳明也认可这种礼，因为这是良知的指引，它是我们对待父母情感的一种仪式和表露。但有人为了证明自己是世间独一无二的大孝子，竟然守孝六年，更有人守孝九年。还有人本来守孝三年，过了几年后，突然发神经又跑去守孝三年。这就是立异，因为它已不是中和，太过了。

用王阳明的说法，你做得这么过，安的是什么心？

当然，这种"立异"害不了别人，几乎成不了榜样。还有一种立异，可就是在良知上插刀了。

公元632年，是千古一帝李世民执掌大唐的第六个年头。春节前夕，李世民突然颁布一道动人心魂的圣旨：明年秋季斩首的三百余名重犯释放回家过节，可在明年秋天回来受死。

要知道，这些死刑犯可都是杀人越货的主儿，释放他们回家等于是放虎归山。令人万分惊愕的是，第二年秋天，三百余名重犯全部回到刑部大牢，无一人缺席！

李世民心花怒放，说："看看这些人，如此守信，这说明还有良心。"

众大臣说："是啊，应该好好奖赏他们的良心。"

李世民大手一挥："无罪释放！"

这就是史册上白纸黑字的"李世民纵囚"事件，当时的大臣们纷纷赞颂李世民的英明和仁德。他们认为，是李世民让他们回家过节的"仁爱"行为感动了囚徒们被遮蔽的良知，使他们纷纷致了良知，信守诺言，心甘情愿地回到大牢里等着被砍脑袋。

这件事真有如此简单？

如果你用阳明心学的角度来看待这件事，只需如王阳明那样问一个问题就可得到真相：李世民你释放囚徒，安的是什么心？

李世民明知那些囚犯都是死刑犯，却释放他们，这是视国家法度为儿戏。傻子都知道这是不对的，可李世民故意犯错，他安的心肯定不是公心，必是私心。这个私心就是粉饰太平，向天下人宣扬自己的教化。这就失去了"中和"，就不是良知的本体了。

另外，那些囚犯居然都回来受死。趋利避害是人之常情，尤其是这些死刑犯的心理。他们竟然不趁此逃避山林，反而回来引颈就戮，他们安的是什么心？

固然，他们安的也是私心。这个私心就是既然你要门面，我就给你门面，你好了，我也肯定好，我按你的程序去表演，你们的虚荣心得到满足，免除刑罚是肯定的！

北宋大学者欧阳修针对李世民的纵囚，写过一篇文章就叫《纵囚论》，他把李世民和囚徒们的非"中和"之心揭露得淋漓尽致："李世民知道释放囚犯回去，他们一定会回来以希望被赦免，所以才释放他们！被释放的囚犯预料自动回来一定能获赦免，所以才会回来！料想囚犯一定会回来才释放他们，这是上面揣摩下面的心思；料想上面一定会赦免他们才自动回来，这是下面揣摩上面的心思。是上下互相揣摩造成这种声誉，哪里有什么教化作用！如果不是这样，那么李世民即位已经六年，天下却有这么多罪大恶极的死囚；然而释放一次就能使他们视死如归，保存信义，这哪里讲得通啊！"

他讽刺挖苦道："释放了回来的就按国法杀掉，然后再释放一批，囚犯又回来了才证明是教化的作用，但他们一定不会回来了！如果屡次赦免，那么死刑犯就都不会死了，这能够作为天下的法度么？"

这就是立异，违背了良知的"中和"。在王阳明看来，人生在世，不可逆情和立异，因为他们都不是良知的本意。

"贵和尚中"的另一要求就是"不器"。

很多年以前，孔子和他几个著名弟子坐在郊外闲聊。当时草长莺飞，碧空湛蓝如洗，好不快活。孔子对几个弟子说："不要认为我比你们年纪大，就不敢在我面前随便说话，你们平时总在说：'没有人了解我呀！'如果有人了解你们，那么你们打算怎么办呢？现在，你们就畅所欲言，说说你们的人生志向。"

子路抢先说道："一个拥有一千辆兵车的国家，夹在大国之间，常受外国军队的侵犯，加上内部又有饥荒，如果让我去治理，三年工夫,就可以使人人勇敢善战,而且还懂得做人的道理。"

孔子微微一笑。

又问冉求:"你呢?"

冉求思索一会儿,慢慢回答:"一个纵横六七十里、或者五六十里的国家,如果让我去治理,等到三年,就可以使老百姓富足起来。至于修明礼乐,那就只得另请高明了。"

孔子又转向公西赤,问:"你呢?"

公西赤很惶恐,说:"我不敢夸口说能够做到怎样怎样,只是愿意学习。在宗庙祭祀的工作中,或者在同别国的会盟中,我愿意穿着礼服,戴着礼帽,做一个小小的赞礼人。"

最后,孔子问一直在摆弄瑟的曾皙:"你小子说说吧。"

曾皙清了清嗓子,说:"我和他们三位的才能不一样呀!"

孔子说:"没说才能,只说人生志向。"

曾皙脸上呈现出腼腆的红光来:"我呀,我的志向有点不着调。我盼望的是,暮春时节,春天的衣服已经上身。我和五六位成年人,六七个青少年,到沂河里洗洗澡,在舞雩台上吹吹风,一路唱着歌儿回来。"

子路、冉求和公西赤都嗤之以鼻:"这哪里是志向,简直是游戏人生!"

想不到孔子高兴得大叫一声,道:"我是赞成曾皙呀!"

子路、冉有、公西赤三人脸色微变。

聚会散后,曾皙单独留下,问孔子:"他们三位的话怎么样?"

孔子回答:"也不过是各自谈谈自己的志向罢了。"

曾皙又问:"您为什么笑仲由(子路)呢?"

孔子回答:"治理国家要讲礼让,可是他说话一点也不谦让,所以我笑他。难道冉求所讲的就不是国家大事吗？哪里见得纵横六七十里或五六十里就不是国家呢？公西赤所讲的不是国家大事吗？有自己的宗庙，有同别国的盟会，不是诸侯国家又是什么呢？如果公西赤只能做个小小赞礼的人，那谁能去做大的赞礼人呢？"

针对这个故事，弟子问王阳明："孔门弟子共聚一堂，畅谈志向。子路、冉求想主持政事，公西赤想主管礼乐，多多少少还有点实际用处。曾皙所说的，似乎是玩耍之类的事，却得到孔圣人的称许，这是怎么回事？"

王阳明回答："子路、冉求、公西赤有凭空臆想和绝对肯定的意思，有了这两种倾向，就会向一边偏斜，顾此一定失彼。曾皙的志向比较实际，正合《中庸》中所谓的'素其位而行，不愿乎其外'。前三个人是'汝器也'的有用之才，而曾皙是'君子不器'的仁德通达之人。但是前三个人各有独特才干，不似世上空谈不实的人，所以孔子也赞扬了他们。"

人生是不断变化的，是条不规则的波浪线，我们无法掌控这条波浪线。子路、冉求、公西赤就是想掌控这条波浪线，要在这条波浪线上定下一个点，向那个点前进。而曾皙则是随着波浪线前进，到哪里就做适合在那里做的事。

前三人先把自己确定为器皿，子路是大水缸、冉求是饭盆、公西赤是瓦罐，曾皙却没有，他把自己当成了水，流到什么样的地方就会成为什么样的器！

孔夫子教导人要"不器"。不要做器皿那样的人，比如你认为自己是个饭盆，突然遇到只有水缸能盛的东西，你就只能干瞪眼。

王阳明也教导人要"不器"，有弟子问他："孟子说，持中庸态度而不变通，还是执着在一点上（执中无权犹执一），您怎么看？"

王阳明回答:"'中'就是天理,就是'易',随时变易,怎么能'执'呢?必须因时制宜,很难预先定一个规矩。有些人一定要将道理一一说得没有漏洞,要立一个固定的格式,这正是所谓的'执一'。"

王阳明不是说,我们不能有人生理想,而是应该因地制宜,不可把自己先限制死。

五、有善有恶是习气所染

人人皆有良知,为何有人会流芳千古,有人则遗臭万年?为何有人出类拔萃,有人却碌碌无为?为何有人是善人,而有人就成了恶人?

这些问题的答案很简单:他们的人生观出了问题。用王阳明的话讲就是他们的心,失去了本体。所谓失去本体,其实就是良知被遮蔽,不能正常工作了。所以王阳明说,有善有恶意之动。良知一旦被遮蔽,所发出的意(念头)就有了善恶,而有了善恶之后,又不肯为善去恶,所以人生观就有了善恶。

良知是如何被遮蔽的呢?

王阳明的结论:

习气所染。

习气就是我们身处的社会,王阳明不无遗憾地说,由于不是每个人都自动自发地去致良知,所以由众人组成的这个社会不是真诚恻怛的,而是充满了客套和虚伪。

很多人为了生存下去，只能客套和虚伪。诸多客套和虚伪的道理与闻见渐渐进入我们的心，久而久之，日日增多，不能真诚恻怛，良知于是被遮蔽。

心学巨子李贽发挥道："良知既然被遮蔽，则若发而成为言语，其言语就不是出自衷心的东西；见而成为政事，政事就无根柢；著而成为文辞，文辞则不能达，欲求一句有德之言，终于不能得。缘由何在？因为童心（见后文）已经被障蔽，我们把由外而入的闻见、道理当成了我们的心。"

已经以世俗的闻见、道理为心，那么，所言者皆社会中的闻见、道理之言，不是出自良知之言；言虽巧，同真我（良知光明的我）有什么关系呢？这不恰恰是以假人说假话，而事是假事、文是假文吗？其人已经假，则实行起来则无不假。

于是，"以假言与假人言，则假人喜；以假事与假人道，则假人喜；以假文与假人谈，则假人喜"。因为无所不假，所以整个社会是大假一片。

王阳明说，在整个一片假的社会中：

> 卑者昏于嗜欲；高者蔽于见闻。

卑者诸如桓温，名利熏心（嗜欲），只要出名就可以；高者譬如刘秀，由于他当时所处的社会观点可能就是"做大官，娶美女"（见闻），所以他被见闻所蔽，才树立了这样不争气的人生观。十几年后，随着他的成就不断增强，他的人生观也就成为成就帝业，匡济百姓了。

还有一种高者，就是自视学识渊博，见多识广的人。王阳明曾对人说:"当初在龙场驿站时,听我讲心学的人都是蛮夷,和我聊天的人都是中土亡命之人,和他们聊良知,他们一听就懂,手舞足蹈。后来和一些知识分子聊,总是处处碰壁。这就是闻见越多,良知被遮蔽得越重。"

那么,是不是我们不进入社会,我们的良知就不会被遮蔽,而我们很容易就可成为圣人了呢?

王阳明大摇其头说:

> 良知不由见闻而有,而见闻莫非良知之用。故良知不滞于见闻,而亦不离于见闻。

如果我们的良知被习气所染而遮蔽了,那我们心发出的意就有了"善恶",有了善恶,却不为善去恶,你的人生观也就有了善恶。解决它的方式很简单:就是光明我们的良知。

你的世界观正确了,才有正确的人生观。如果每个人的人生观都是正确的,那这个世界就很容易进入大同世界。

第三章
知善知恶是良知——阳明心学的价值观

中国儒家说,和为贵。有条件,就贡献才能给社会;没条件,就保全自己和家庭,等待和忍耐,这就是"达则兼济天下,穷则独善其身"。

王阳明心学的价值观也是建立在儒家之上的,只是他发挥得更精炼。他说:"我的价值观只是三个字:致良知。如果一个人能致良知,他必然成为一个诚信、干净、敬业的圣人;如果国家能致良知,必然富强、和谐;如果社会能致良知,整个天地间必然充盈着平等、公正的空气!"

有人问王阳明:"你除了良知还有别的吗?"

王阳明回答他:"除了良知还有别的吗?"

一个高尚的人,一个伟大的国家,一个健康向上的社会,除了良知还能有什么?

一、良知是道德与智慧的直觉

"良知"的源泉在孟子。孟子说,人类不虑而知的东西叫良知,比如恻隐之心、羞恶之心。王阳明提出良知的过程是怎样的呢?

龙场悟道时,他就已经悟得良知,但并未正式点出。此后的十余年里,他始终在"静坐""存天理去人欲""知行合一"的理论上打转。

1521年,王阳明在老家浙江闲居讲学,在经历了其人生路中最泥泞的"忠泰"之难(朱厚照身边的红人张忠、许泰对王阳明极尽所能地陷害)后,他对弟子们说:"最近心上总是有个词汇欲蹦跳而出,但又不出,它就在口边,我捉不出来它。"有一天,王阳明在静坐中慢慢醒来,微微而笑对弟子们说:"终于让我捉出它了。"

众弟子急忙询问。王阳明道:"良知!"见到弟子们先是茫然,后是毫无反应,最后喜上眉梢,王阳明明白,他的"良知"提对了。

他对弟子们说:"'良知'之学是我从百死千难中得来,尔等万不可当作两个字轻易对待。"自此后,王阳明专以"良知"教人。1524年,王阳明又在"良知"二字前加了"致"字,阳明心学就此定型。

孟子谈"良知"只是把它当成人与生俱来的一种道德力,其实只是"仁"的一部分。而王阳明把"良知"抬高到无与伦比的地位,它认为良知是心的本体,简单而言就是,它是人类赖以生存的唯一支柱,自然也是人之为人的唯一尺度。

王阳明说,良知就是我们与生俱来的能知是非善恶的一个东西,人人皆有。

有弟子持保留意见:"恶人也有良知吗?"

"当然!"王阳明斩钉截铁。

弟子再问:"朱宸濠呢?"

朱宸濠造反,不忠不义,这显然是没有良知的表现。

王阳明却说:"他也有良知。"

弟子想笑:"且不说他造反使生灵涂炭的后果吧,只说他被捉后,竟然还恬不知耻地跟您说:'这是我朱家的事,你姓王的如此忙碌做甚?'不知悔改,这是有良知的表现吗?"

王阳明笑笑:"这是因为他的良知被遮蔽了,正如乌云遮蔽太阳,你怎能说太阳不在了?"

弟子哑然。

王阳明继续说道:"朱宸濠这句问话的确是没有良知的痕迹,可他还有句话是良知在作用了。他被捉后,曾对我说,'娄妃是好人,请替我好好安葬她'。我问他原因。他说,'当初造反前,娄妃就苦苦相劝我不要造反。我那时利欲熏心,根本听不进她的忠言,如今想来,她是这个世界上对我最好的人'。"

弟子们略有所悟。王阳明说出答案:"他能知娄妃是好人,这就是能分清善恶;他能知娄妃劝他的话是正确的,这就是能分清是非。你们说,他这样的大恶人是不是也有良知在?"

"是非"属于智慧、"善恶"属于道德,人能分清是非善恶,就能生存下去,同时也能证明,他是个人!

弟子们连连点头,是啊,连朱宸濠这样的恶人都有良知,何况其他!

王阳明又接着说:"良知能知是非善恶,是自然而然的。没有人告诉朱宸濠,娄妃是好人、娄妃的话是对的,而是他自己感悟到的。在他被擒、面临生死之时,被遮蔽的良知终于冲破迷雾浓云,完全展现。良知作为一种本能、直觉告诉了他终极的答案。"

如果我们用现代心理学来描述"良知",就是这样的:当我们面对一个情境时,它不会导致我们的直接反应,而会不由自主地产生一个快速评价思维,这个评价思维不是深思熟虑或理性推理的结果,而是自动闪现,迅如闪电,如你所知,这个评价思维就是良知。

比如得到一笔确凿的不义之财,我们最先出现的是对这份不义之财的是非评价,而不是行为、情绪和生理上的反应,这个是非评价就是良知。它先天而来,自动自发,不受你控制。

通俗而言就是,良知,是人与生俱来的道德与智慧的直觉(直观)力,或是直觉(直观)的道德力和智慧力。见父自然知孝是道德,何尝又不是智慧?见强凌弱所以义愤填膺,因为我们判断这是错的,这是智慧,何尝又不是道德?

王阳明对"良知"的推崇几乎无以复加,他说:"乾坤由我在,安用他求为?千圣皆过影,良知乃吾师。"他又说,"良知是造化的精灵。这些精灵,生天生地,成鬼成帝,皆从此出。"他还说,"良知学是千古圣贤相传的一点真骨血,譬之如行舟得舵,平澜浅滩无不如意,虽遇巅风逆浪,舵柄在手,可免没溺之患。"

这些对良知的赞美之词大有"良知在手,天下我有"的意味,良知真的无所不能吗?

王阳明的答案是,良知的确无所不能,但关键有一点就是:你能致它。天下万事万物皆不出是非善恶之外,良知轻而易举就可给你答案,你只需按良知的答案去行就可以了。

坚信你的直觉、本能、第一感,就是良知。致良知,就是行良知。如何行良知?王阳明给出了答案:

> 尔那一点良知,是尔自家底准则。尔意念着处,他是便

知是，非便知非，更瞒他一些不得。尔只要不欺它，实实落落依着他做去，善便存，恶便去，他这里何等稳当快乐。

只要让你的直觉、本能、第一感付诸实践就是致良知。你见到父母，良知所发出的"意"（念头）就会告诉你"孝"是"是"，那你就去行孝；你对待领导，良知所发出的"意"就会告诉你"忠"是"是"，那你就去行忠诚；你路见不平事，良知所发出的"意"就会告诉你"拔刀相助"是"是"，那就立即去拔刀相助。

延展地说，如果你是一家之长，良知所发出的"意"就会告诉你"家和万事兴"，你就应该用"和"来治家；如果你是工作者，良知所发出的"意"就会告诉你"爱岗敬业"，你就应该用"敬"来工作；如果你是一国之君，良知所发出的"意"就会告诉你"以德治国"，你就应该用"仁"来治国。

倘若人人都能致良知，就会如王阳明所说的那样：

致吾良知于事事物物，则事事物物皆得天理。

我的良知是光明的，行我的良知于事事物物上，事事物物就得了我的良知。由于心即理，所以事事物物就得了天理，所谓得了天理，就是说，事事物物都是正的，是善的，是对的。你的良知对你说，为天下人谋福利，这就是对的，就是天理，将这一纯粹的动机行之于万事万物上，万事万物必是正的，是善的，是对的。如果整个世界的事事物物都是正的、善的、对的，那这个世界自然就是"和"的。所以说，致良知的效果并不仅限于个人修身，它还可以齐家、治国、平天下！

有弟子问王阳明，天下事物之理无穷，真的只要致吾良知就能万事大吉？

王阳明回答：

> 是理也，发之于亲则为孝，发之于君则为忠，发之于朋友则为信。千变万化，至不可穷竭，而莫非发于吾之一心。

良知就如同魔法棒，能按你面临的所有问题变幻出解决问题的钥匙来。它就是阿基米德说的那个支点，能撬动天下万物，能四两拨千斤。那个支点人人都有，从理论上而言，人人都能四两拨千斤，遗憾的是，很多人不用支点、不拨千斤，也就是不能致良知。

王阳明说，这种人的良知实际上被遮蔽了，他们的显著特点就是明知善恶是非而不为善去恶，甚至反其道而行之。虽然如此，但正如朱宸濠那种人一样，他们的良知还在，时机一到，自会显现。

不能致良知，有两种表现。第一种是懒得致，谁都知道言行不一是错的，但很多人仍然我行我素，而且也并不认为这有多恶。这也是良知被"习俗"遮蔽得太久，认为社会上流行的就是这个，大家都这样，我自然也这样。第二种是没有能力致，谁都知道发动战争必将生灵涂炭，是恶的，但朱宸濠偏偏违背良知造反，要命的是，他还认为这是正确的。这就是良知被"皇帝欲"遮蔽得严严实实，他已没了"致"的能力。

社会上不致良知的人绝大多数属于第一种，但这种不能致良知发展下去，就会顺势成为第二种。到那时，恐怕悔之晚矣。我们用王阳明下面这段恰如其分的比喻来结束：

> 良知犹主人翁，私欲犹豪奴悍婢。主人翁沉疴在床，奴

婢便敢擅作威福，家不可以言齐矣。若主人翁服药治病，渐渐痊可，略知检束，奴婢亦自渐听指挥。及沉疴脱体，起来摆布，谁敢有不受约束者哉？良知昏迷，众欲乱行；良知精明，众欲消化，亦犹是也。

二、知行合一是提高效率的法宝

1509年，也就是王阳明龙场悟道的第二年，其名气已大震于贵州。省会贵阳主管教育的行政长官席书慕名前来拜会王阳明，听了几句后，就问他："请问朱熹和陆九渊有什么不同？"

朱熹创建理学、陆九渊奠基心学，两个截然不同的人物。王阳明却戳了戳自己胸口说："都是一样的心。"

显然，席书问的不是这个，王阳明也没给他机会继续问别的，急转直下大谈特谈自己体悟的"格物致知"。席书渐渐听得入了港，热情邀请王阳明到贵阳讲学。

王阳明欣然同意。席书临行前问道："您讲课的主题是什么？"

"知行合一！"

席书一愣："知、行本是两件事，怎么能合一？"

王阳明摆出一副惊骇的样子："知行就是一回事，我说'合'都欠妥了。"

席书更是大惑，王阳明马上和他讲起"知行合一"的真谛来，这个真谛就记载于《传习录·卷上》中。

徐爱和席书一样，也不能理解"知行合一"，于是向王阳明请教。

王阳明说："空谈理论，你理解起来很麻烦，你举个例子吧。"

徐爱说:"例子很多,比如大家明知对父母应该孝顺,对兄长应该尊敬,但往往不能孝、不能敬,可见知与行分明是两码事。"

王阳明道:"这种人是被私欲遮蔽了,所以知行分为两截。《大学》中有两句话叫'如好好色''如恶恶臭',说的就是知行合一的问题。"

徐爱眉头紧皱,表示不明白。

王阳明解释道:"见好色是知,喜好色是行。在见到好色时马上就喜好它了,不是在见了好色之后才起一个念头去喜好。闻到恶臭是知,讨厌恶臭是行。闻到恶臭时就开始讨厌了,不是在闻到恶臭之后才起一个念头去讨厌。"

见到美色是"知",喜欢上美色是"行";闻到恶臭是"知",厌恶恶臭是"行"。一见到美色就马上喜欢了,没有人见到美色后,还要思考一下"我是喜欢呢还是不喜欢呢";一闻到恶臭就马上厌恶了,没有人闻到恶臭后,还要思考一下"我是厌恶它呢还是喜欢它呢"。

见到美色和喜欢上美色之间没有停顿,没有缓冲,它是一种本能、一种条件反射。正如水向下流,水知道向下流是"知",向下流是"行"。一个人遭雷劈会立即倒地,遭雷劈是"知",倒地是"行"。没有人遭雷劈后还会思考"我是倒地呢还是转个圈",这就是知行合一。

由此可知,"知行合一"的"知"不是知道、知识,而是良知。也就是说,良知光明的人面对任何情境或是受到外界刺激时,在做出是非善恶判断后必能行。我们再以"如好好色""如恶恶臭"来证明这个论断:喜欢美色是人的本能,因为是良知告诉我们的"是",所以我们自然而然地就"行"了——喜欢上美色;厌恶恶臭也是人的本能，因为是良知告诉我们的"非"，所以我们也自然而然地就"行"了——厌恶恶臭。

王阳明龙场悟道后第一次出山的讲学居然是知行合一，按事后追溯的思维来说，其中必有深意。果然是有深意的，有人问王阳明，为何提"知行合一"？

王阳明回答："如今的人都把知行当两回事看，所以当产生了一个恶念后，虽未去做，也就不去禁止。我主张知行合一，正是要人明白，一有念头萌发就是行了。若产生了不善的念头，就把这不善的念头克去，并且需要完完全全地把它从胸中剔除。这就是我提'知行合一'的主旨。"

"一念发动即是行"，发动念头的是良知，所以这句话就是：良知即行，于是知行合一。善念发动时，我们要保持它；恶念发动时，我们就要祛除它。王阳明提"知行合一"的终极目的还是让我们去人欲、存天理，不能有一丝恶念存留心中。

王阳明还说："世上的人都外衣冠而内禽兽，心理不一、言行不一，我太恐惧这样的事，所以揭'知行合一'之教。"

言行不一、表里不一、知行不一，正是王阳明深深忧虑的。知行不一不仅是种态度、行为，它还是种人格缺陷。我们不听从良知的命令去行，知和行由此分裂，当面一套背后一套，心里一套行为一套，这是典型的双面人，人格分裂。

倘若知和行是统一的、合一的，那就是知和行一样，两条直线为一条；倘若知行不统一、不合一，那就是并不重合的两条直线，其中一条直线是你的良知，但另外一条直线就是非良知。你需要你良知的那条线去照顾非良知的那条线，这岂不是特别浪费时间和精力的事？

为何不知行合一，把两条线合二为一？

良知感应神速，无需等待，本心之明即知，不欺本心之明即行，也就是说，我们面对任何一件事时都能快如闪电地得出正确答案，得到答案，知的同时毫不犹豫马上去行，就是知行合一。

从这点而言，"知行合一"是提高效率的法宝。在修心上，它能迅速提高为善去恶的效率；在社会中，它更能提高你的生活和工作效率。

这就是王阳明的核心价值观，它最应该成为人类的普世价值。

三、王阳明的普世价值观

很多人都认为阳明心学仅仅是伦理哲学，只能针对个人方面的修心，这是对王阳明最大的不敬和亵渎。阳明心学是用来治国平天下的，它在政治、经济、社会的一切问题上都有自己的判断和解决方法，这些判断和解决方法就是王阳明的普世价值观。

在王阳明看来，人人虽都有良知，但良知有大小的分别："有如金的分量有轻重一样。尧、舜如同万金之镒，文王、孔子如同九千之镒，禹、汤、武王如同七八千之镒，伯夷、伊尹如同四五千之镒。虽才力各异，但纯为天理相同，都可称为圣人。仿佛金的分量不同，而只要在成色上相同，都可称为精金。"

也就是说，每个人的良知大小决定着你外在才能的不同：有的擅长礼乐，有的擅长政教，有的擅长治理水土和种植……有的擅长做皇帝，有的擅长做大臣子，有的擅长做百姓……

所以，每个人都应按良知的大小来确定自己在社会中的位置。

良知小的人，就安守从事农工商的本分，工作勤奋，彼此提供生活必需品，没有好高骛远的念头。良知大的人就出仕当官，以发挥自己的才能。有的经营衣食,有的互通有无,有的制造器物,大家团结合作、齐心协力,纷纷献计献策,为家庭和社会乃至天下做出自己的贡献。

整个社会都应该树立这种观念:不可凭地位的贵贱来分重轻,不凭职业种类来分优劣。所以那些从事繁重工作的人,也丝毫不感到辛苦,从事低贱琐碎工作的人也不认为卑下。倘若真能达到这种效果,那么就像王阳明所说的:"稷(jì,周始祖)勤勉地种庄稼,不因为不明教化而感到羞耻,把契(xiè,五帝之一帝喾之子,尧称帝时做为司徒)的擅长教化,看成自己的擅长教化;夔(上古时的音乐家)主掌音乐,不因为不懂礼而感到羞耻,把伯夷通晓礼,看成自己能通晓礼。"

也就是说,每个人在社会上的价值都是宝贵的,由于万物是我的一部分,所以别人做的工作其实也就是我做的。别人做出了成就,我不但不会嫉妒,反而会非常兴奋。

所以王阳明说:"例如人的身体,眼看、耳听、手拿、脚行,都是满足自身的需要,服务于自身的。眼睛不因没有耳朵的灵敏而感到可耻,但在耳朵听时,眼睛一定会辅助耳朵。脚不因没有手持的功能而感到可耻,但在手拿东西时,脚也必定向前进。由于人身元气周流充沛,血液畅通,即使小病和呼吸,感官也能感觉到,并有神奇的反应,其中有不可言喻之妙。"

这就是王阳明的普世价值,以万物一体的世界观为基座,以致良知为灵魂。它告诉我们每个人都该在良知的指引下各安其位,如此一来,那全天下的人就会高兴快乐,和睦相处,亲如一家!

可问题是,很少有人能心甘情愿地"安其位",我是个农民,凭什么让我受苦受累为你们种庄稼?所以我要做读书人。我是读书人,凭什么让我寒窗苦读十年？所以我要一读书就做大官。做小官的想做大官、做小地主的想做大富豪，做诸侯的想做皇帝，人人都在拼命向上爬，追名逐利，整个社会都沉浸在欲望的惊涛骇浪中。

怀抱远大理想，向上奋进自然是一种积极的人生态度，但要先自问：你有这样的能力吗？用心学语境来问就是：你良知的大小和你想要的成就匹配吗？

如果你的良知只有米粒那么大，却去追求良知如金山那样大的事业，这就是不自量力。王阳明说：

> 凡谋其力之所不及而强其知之所不能者，皆不得为致良知。

那么，你如何确定自己的良知大小呢？王阳明给出的答案是，当你做一件事时，你持续不断地感觉到心累，就说明这件事不是你能做得了的，要么是你的良知不明了，要么则是你的追求超出了你良知的大小范围。所以，王阳明说：

> 心所安处，就是良知。

做任何一件事时，只要心安，就说明这件事在你良知大小范围内，反之亦然。

世界上绝大多数人的心都是被物奴役，而非奴役物。所以常常感觉物为大而心为小，于是常有不安之心。我们总是被外物牵引主导，心就常常不安。不能反省不安的缘由，非做那些力所不能及的事，这就是良知常常被困，而能力枯竭的原因。

我们要笃志这样一件事：顺天地万物之理则心安，不顺天地万物之理则心有不安，安与不安之际，其名曰"知"。心即理，顺天地万物之理就是顺应自己的良知。中国有句成语叫"心安理得"，它可以用阳明心学这样解释：你做事时心安，那件事的理自然会得出，一件事只要有了"理"，它肯定就是好事，这件事也就肯定能成！

第四章
为善去恶是格物——阳明心学的方法论

孔子说:"这个世界应该是'仁'的世界,所以我的方法论就是'己所不欲勿施于人'。"

理学大师程颐临死前,弟子们跪在床边哀鸣:"我们一定把老师的学说用到正地方。"程颐突地回光返照,睁圆眼睛说:"你们居然说'用'?一说'用'就是错的。我的学说不是拿来用的,学我的学说就是目的。所以我的方法论就是'学理学'。"

王阳明说:"这个世界应该是万物一体的世界,所以我的方法论就是'为善去恶'。"

实际上,方法论只是一种理论,它只是一种理想,譬如"己所不欲,勿施于人",自己不喜欢的就别强加给别人。但有些东西,你不喜欢不代表别人不喜欢,比如骨头,你不喜欢,狗就喜欢。这其中有很多学问在,所以孔子又提出很多方法。和他一样,王阳明也提出了很多方法。这些方法既是为善去恶的理论,也是我们学习心学的工具,既是知也是行,既是良知,也是致良知。

一、四事规:阳明心学的四诫

四事规原名为《教条示龙场诸生》,是王阳明初创心学后在贵州龙场为弟子们立下的训诫,它包括四方面:立志、勤学、改过、责善。

立志,就是意之所向,它是王阳明心学的一大主题,也是王阳明人生初始的主题。据说,王阳明12岁时在北京长安街漫步。一大仙模样的人拽住他说:"我为你看相,不收钱。记住我下面的话,你的胡子到领口时,进入圣境;胡子到胸口窝,结圣胎;胡子到小腹,圣果圆。"

这段话翻译成现在的话是这样的:你30岁时能在学问上登堂入室,40岁时可建立完善的思想体系,50岁左右,就能将思想体系运用到实践,由此人生圆满。

王阳明自从听了这段话后,就常常在课堂上走神,因为他在凝思。后来的某天,他一本正经地问老师:"何谓第一等事?"这话的意思其实是问,人生的终极目标到底是什么?

他的老师吃了一惊,从未有学生问过他这样的问题,他看了看王阳明,笑笑,又思考了一会儿,才做出他自认为最完美的回答:"当然是读书做大官啊。"这在当时的确是标准答案,正如今天大多数中国人发家致富的"第一等事"一样,大明王朝的知识分子们当然是以读朱熹理学通过八股考试进而做官为毕生理想的。

王阳明显然对这个答案不满意,他看着老师说:"我认为不是这样的。"

老师不自然地"哦"了一声:"怎么?你还有不同的看法?"

王阳明夸张地点头,说:"我以为第一等事应是读书做圣贤。"

老师目瞪口呆,突然狂笑,然后对着王阳明摇头:"孩子,你这第一等事可是太高了,哈哈。"

学做圣贤,这就是王阳明在12岁那年立下的志向,从此,他的志向从未改变过。创建心学后,他对立志异常重视。《传习录》和《文录》中谈立志的地方不胜枚举。不过,正如你所知,阳明心学的立志和我们今天所熟知的立志有很大不同。王阳明在《教条示龙场诸生》中说:"志向不能立定,天下便没有可做得成功的事情。虽然各种工匠有技能才艺的人,没有不以立志为根本的。现在的读书人,旷废学业,堕落懒散,贪玩而荒费时日,因此百事无成,这都是由于志向未能立定罢了。"

志向未立定,就如同无舵的船,没有衔环的马,随水漂流,任意奔逃,连鬼都不知道你最后能到哪里!

谈到这里,我们可看出王阳明所谓的"立志"就是立下志愿、树定志向。它可以是具体的,诸如我想当个科学家、我想当个土豪、我想当个政治家等。

但他话锋一转,马上进入他对立志的看法:

"所以立志做圣人,就可以成为圣人了;立志做贤人,就可成为贤人了。古人所说,'假使做好事可是父母厌恶他,兄弟怨恨他,族人乡亲轻视厌恶他,如像这样就不去做好事,是可以的;做好事就使父母疼爱他,兄弟喜欢他,族人乡亲尊敬信服他,何苦却不做好事、不做君子呢?假使做坏事,可是父母疼爱他,兄弟喜欢他,族人乡亲尊敬信服他,如像这样就做坏事,是可以的;做坏事就使父母愤怒他,兄弟怨恨也,族人乡亲轻视轻视厌恶他,何苦却一定要做坏事、做小人呢?"

最后他巧妙地来了句经典的结语:各位同学想到这点,也可以知道为君子应立定志向和什么样的志向了。

由此可知,王阳明所谓的"立志"其实是学做圣贤常行善事,"念念存此天理即是立志",也就是致良知的志向。

或许有人问,这只是道德志向,和事功不搭边。可按王阳明的说法,只要你能存天理去欲望、良知光明,用这光明的良知去行走天下,何事不可成?

在王阳明看来,立志并非是易如反掌的事,它很有难度。所以他要求正人君子立下志向后,要眼里耳里只有自己的志向,内心永远只专注于自己的志向:

> 正目而视之,无他见也;倾耳而听之,无他闻也。如猫捕鼠,如鸡覆卵,精神心思凝聚融结,而不知有其他,然后此志常立,神气精明,义理昭著。

具体方法是:

> 一毫私欲之萌,只责此志不立,即私欲便退;听一毫客气之动,只责此志不立,即客气便消除。或怠心生,责此志,即不怠;忽心生,责此志,即不忽;燥心生,责此志,即不燥;妒心生,责此志,即不妒;忿心生,责此志,即不忿;贪心生,责此志,即不贪;傲心生,责此志,即不傲;吝心生,责此志,即不吝。盖无一息而非立志责志之时,无

一事而非立志责志之地。故责志之功，其于去人欲，有如烈火之燎毛，太阳一出，而魍魉潜消也。

在一次讲课间隙，王阳明对弟子们说："诸公在此，务必要立个必为圣人之心，时时刻刻，须是一棒一条痕，一掴一掌血，方能听吾说话，句句得力。若茫茫荡荡度日，譬如一块死肉，打也不知痛痒，恐终不济事。"

这就是王阳明所谓的立志！

既然立下志向，接踵而来的事自然是勤学，勤学和立志息息相关："凡是学得不够勤快的人，一定是因为它所立的志还不够深切。跟着我求学的人，我不会把天资聪明当作能力，我反而是把勤劳、谦虚当作难得的素质。"

按理，下一段应该是说如何勤学，勤学个什么。但王阳明说的是人对学的态度："各位试着观察同学之中：如果有'肚子里明明空空的，却假装很充盈；明明是没学问，却假装很有学问'，隐藏自己的短处、妒忌别人的长处，以自我为中心、自以为是，说大话来欺骗别人这样的人，就算那种人天资很高超，同学们不会讨厌他吗？不会轻视他吗？他就算用那种方式来欺骗别人，别人就真的会被他欺骗吗？会有人不在背后偷偷地嘲笑他吗？

"如果有人以谦虚缄默自我要求，以没有能力的态度自处；深切地立志又努力实践，勤奋向学又喜好提问；称赞他人的优点，责怪自己的缺点；跟从他人的长处，揭明自己的短处；忠诚信实、和乐平易，外在跟内在完全相同。就算那种人自居无能，而不求超越别人，别人就真的会以为他无能吗？会有人不敬重他吗？"

由此可知，王阳明所说的勤学，不仅是知识，还是一种为人处世的态度，一种光明良知的过程。为何要勤学？因为我们被习气所染，心灵上产生了诸多毒瘤，这些毒瘤就是过错。要全心全意地祛除这毒瘤，那就需要改过。

在王阳明看来，那些大圣大贤也难免有过，之所以还是圣贤，就因为他们能改过。所以做人不怕有过失，就怕不能改。那么，要改哪些过呢？

"各位同学自己想想，日常也有缺少廉耻忠信的行为吗？也有轻视于孝顺友爱的道理，陷入狡猾奸诈苟且刻薄的习气吗？各位同学恐怕不至于这样。万一有近似这样的行为，固然不可以不极力悔过，但是也不应当因此自卑，以至于没有了充分改过就善的心了。只要能有一天完全除掉旧有的恶习，即使从前做过强盗贼寇，今天仍不妨碍他成为一个君子啊。如果说我从前已经这样坏，今天虽能改过而向善，别人也将不会相信我，而且也无法补救以前的过失，反而怀抱着羞愧、疑惑、沮丧的心理，而甘愿在污秽中沉迷到死的话，那我也就绝望了。"

王阳明说，改过有两种境界，一种是放下屠刀立地成佛，一种是被逼放下屠刀立地成佛。所谓放下屠刀立地成佛，就是自己的良知认识到了过错，然后自动自发地改正，它是发自内心的省悟；所谓被逼放下屠刀立地成佛，就是自己的良知被遮蔽而没有认识到过错，是在外力的作用下使他认识到了错误进而改正，这种例子不胜枚举。

改过之后就是"责善"，立志、勤学和改过是针对自己，责善则是针对别人。所谓责善，就是要别人向善。别人有错，要尽心地劝告并且好好开导他，尽自己的忠诚爱护的心意，尽量用委婉曲折的态度，使对方听到它就能够接受，深思出道理后就能够改过，对我只有感激却没有恼怒,才是最好的方法啊。

最不好的方法,就是超越了限度的责善:

"如果首先揭发他的过失罪恶,极力地毁谤斥责,使他无地容身,他将产生惭愧羞耻或愤怒怨恨的心;虽然想要委屈自己来听从,可是在情势上已经不可能。这等于是激怒他使他做坏事了。

"凡是当面揭发他人的短处,攻击揭发他的隐私,用来换取正直的名声的人,都不能和他谈论要求规劝为善的道理。

"但即使这样,如果我遇到这种人,也是不可以恼羞成怒啊,凡是攻击我的过失的人,都是我的老师,怎么可以不乐意接受而且内心感激他呢?!"

四事规是一脉相承的,王阳明说:"吾辈今日用功,只要有真切为善的心,就必能勤学,必见善即迁、有过即改,见到不善,会不自觉地去劝其善。"倘若如此,便能"如种树然,自然日夜滋长,生气日完,枝叶日茂"。

二、静坐:独处时的自我管理

人类史上有两种哲学家,一种是不停奔走,向各种各样的人和物请教、传播自己的学说,比如柏拉图。另一种是不喜欢走远路,只是安静地坐着,从自己心坎上说起,比如中国理学的大师们,王阳明也是其中之一。

我们都知道,想让自己忙碌多年的心静下来其实很难。所以静坐有很多门道。

首先,要有个好环境,这个环境应该不受外界干扰,非常安静,如此才能比较容易静下来；其次，要将身体安放好，也就是静坐的姿势。坐姿可有很多种，盘坐、立坐皆可。佛家和道家喜欢用盘坐。立坐就是"正襟危坐"：双手平放膝上，背挺直，全身放松。王阳明心学用的是此法。最后，调整呼吸。不能张着嘴，应纯用鼻呼吸，一面呼吸，一面数呼吸的次数，最后让呼吸平稳。

做好这三件事后，王阳明说：

> 教人为学，不可执一偏。初学时心猿意马，拴缚不定，其所思虑，多是人欲一边。故且教之静坐，息思虑。久之，俟其心意稍定，只悬空静守，如枯木死灰，亦无用，须教他省察克治，……将好色、好货、好名等私，逐一搜寻出来，……才有一念萌动，即与克去，斩钉截铁，不可姑容与他方便。

王阳明要人静坐有两个步骤，第一步是"息思虑"，也就是让自己的心进入空寂境界。让心空，佛家和道家会念口诀，儒家没有口诀，但"天人合一""阴阳变易""贵和尚中""知行合一"都是最好的口诀，念口诀时须念念相随连绵不断。如此可取得以一念代替万念的作用，时间一久，自然入静。

如果仅停留在此，那就是枯禅。所以有第二步"省察克治"，先省察哪些是私欲，良知会干脆地告诉你答案：好色、好货、好名都是私欲。然后是克治，以前有这些私欲不要紧，现在我就把它灭了，斩钉截铁，绝不姑息。当然，不能总盯着这些私欲不放，还要想天理。尧舜气象，仁、义、礼、智、良知，这都是天理。

在脑海中不停地过这些画面，时间一久，心胸自是廓然大公，必有浩然之气贯注其中。个中妙不可言，只能是实践者才能知道。

大部分讲心学"静坐"的人，都在此留步。他们认为静坐无非这两个步骤，王阳明则认为，这两个步骤中必须要有两件武器保驾护航，否则，静坐要么成为枯禅，要么不如不坐。这两件武器就是"诚意"和"谨独"。

诚意，就是正念头，诚实地践行良知给你的答案，一个念头出现，良知自然知道好坏，好的保留，坏的去掉，这就是诚意。王阳明说，诚意就是"如好好色，如恶恶臭"。喜欢善如喜欢美色，厌恶恶如厌恶恶臭一样！

听上去简单，做起来实在难。比如一念虽知好坏，然不知不觉就流走了。我们知道不义之财是坏的，可有时候会经不住诱惑去取。一旦取了，这就不是"好善恶恶"的心了。正是因为我们总不诚，所以王阳明才大力提倡"诚意"：

惟天下之大诚，能立天下之大本。

在静坐中，我们揪出一个私欲，马上就克掉它，这就是诚意；如果我们揪出一个私欲，却姑息它，甚至不想克掉它，这就不是诚意了。那我们的静坐也就失去了意义。

谨独就是慎独，原意是，即使自己一个人的时候也要注重自己的行为，严于自律，我们静坐时就是谨独时。在王阳明这里，谨独其实就是自我管理。

自我管理包含了诸多要素，王阳明说，静坐时只要把这些要素一一排列，就是谨独了。

第一是分析，我有什么私欲；第二是目标，我要通过什么手段克掉这些私欲；第三是信心，我要坚信自己能克掉这些私欲；第四是毅力，必须具备强大的意志力，一日不成就两日，两日不成就三日，不可半途而废；第五是心态，在克私欲的过程中保持良好的心态，不能为克而克，更不能想克掉私欲的目的，一旦有这种心态，就是新的私欲了；第六是学习，所谓学习只是通过各种手段光明自己的良知，以良知的巨大力量来帮助自己完成自我管理；第七是检验，当你确定自己把私欲克掉后，要去实践中检验；第八是反思，我为何会有这种私欲，这一私欲产生的基础是什么。你只有反思到位，才不会再犯同一错误。

如果在静坐过程中没有诚意和谨独，那不坐也罢。如果一个人不能通过静坐诚意和谨独，那他就无法光明良知，自然不能知行合一。这样的人就会失去自我，随波逐流，永不可能获取成功。

由上面的论述，我们可以确信学习阳明心学的关系链：立志—谨独—意诚—知行合一—良知。

意思是，我们先立个真切为善之志，专心致志于此，然后从谨独处下功夫，就是自我管理，久之自见意诚境界。只要你意诚了，自然会认识到知行合一的本意。认识到知行合一的本意，自然而然就悟到了自己的良知本体。悟到自己良知是怎么回事，天下事也就在我心中，在我股掌之间！

三、事上练就是练心

王阳明的弟子陆澄有个困惑，当然也是我们的困惑。他问："静坐用功，觉得此心异常强大，甚至想着如果我们遇到某某事，必能轻松解决。可一遇事就蒙了，真是烦躁。"

静坐作用巨大，但纯靠静坐还不能彻底根除私欲成为圣贤，而且静坐有可能引发弊端，走入枯禅之境。王阳明针对此症，提出第二个方法论，这就是事上磨炼。他对陆澄说："人须在事上磨炼做功夫，乃有益。"

事上磨炼，通俗而言，就是要参与社会实践，在纷繁复杂的具体事务中锻造自己的心理素质，做到动静皆定，泰山崩于前而色不变，麋鹿兴于左而目不瞬，以此沉着冷静，正确应对，最后就进入"不动心"境界。

"事上练"是王阳明心学的顶级方法论，它不是阳明心学的补充，而是和阳明心学理论息息相关，浑然一体。为什么必须要到事上磨炼？王阳明说：

> 目无体，以万物之色为体；耳无体，以万物之声为体；鼻无体，以万物之臭为体；口无体，以万物之味为体；心无体，以天地万物感应之是非为体。

也就是说，如果我们的眼耳鼻口只是客观存在，那它只是个器官。眼睛之所以是眼睛，是因为它能看万物之色；耳朵之所以是耳朵，是因为它能听万物之声……

眼耳鼻口要证明它存在的价值，必须要和万物产生联系，而作为眼耳鼻口的主宰"心"存在的价值也是要和万物产生联系，否则它也不过是个器官。

那么，事上磨炼，炼的到底是什么？很简单，由于"心即理"、心外无物、心外无事，所以我们去事物上练的最终目的就是练心！

正如磨刀，你的目的是让刀锋利，而不是让磨刀石锋利。

如此看来，事上磨炼就是存天理、去人欲，就是让自己的喜怒哀乐恰到好处，不可过分，这就是"和"，就是良知本体。

我们事上磨炼，就是要到人情事变上去练心，喜怒哀乐是人情，富贵、贫贱、患难、生死是事变，事变也只是在人情里，只要能在人情事变上致良知，那就是最好的练心，自然是最好的事上练。

处富贵，自会喜，但不可大喜若狂；处贫贱患难，自然哀，但不可哀伤欲死；遇生死，自会恐，但不可吓得六神无主、失魂落魄。

你的良知自会告诉你应对人情事变的方法，把这些方法运用到人情事变中去努力地保持"和"，反过来，你在人情事变上的表现又进一步筑造了你的心，呼应了你良知给出的方法，让你的内心变得更为强大！

附图1：四句教图示

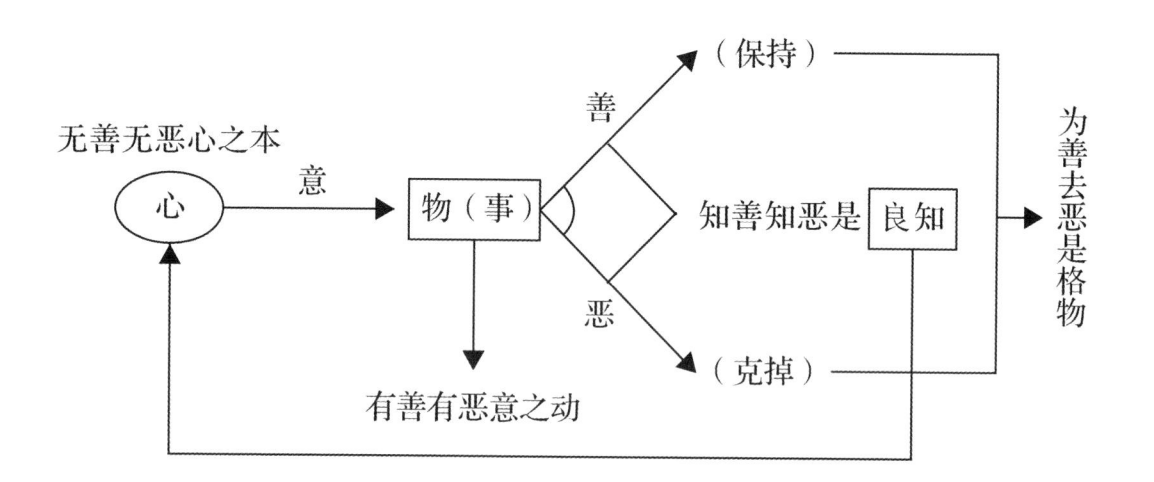

无善无恶心之本

心 →（意）→ 物（事）

物（事）→ 善 →（保持）

物（事）→ 恶 →（克掉）

知善知恶是良知

为善去恶是格物

有善有恶意之动

附图2：心学与三观

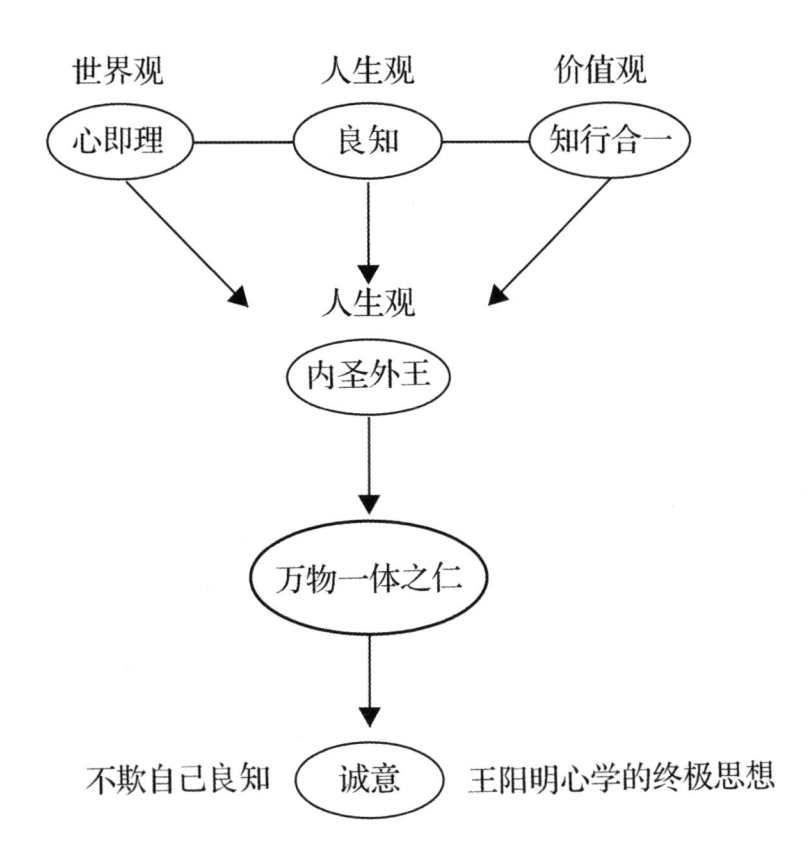

```
    世界观        人生观         价值观
   ┌─────┐      ┌─────┐       ┌───────┐
   │心即理│      │ 良知 │       │知行合一│
   └─────┘      └─────┘       └───────┘
        \         │          /
         \        │         /
          \       ▼        /
           →  人生观  ←
           ┌──────┐
           │内圣外王│
           └──────┘
               │
               ▼
         ┌──────────┐
         │万物一体之仁│
         └──────────┘
               │
               ▼
  不欺自己良知  ┌────┐  王阳明心学的终极思想
              │诚意│
              └────┘
```

附图3：天理与人欲

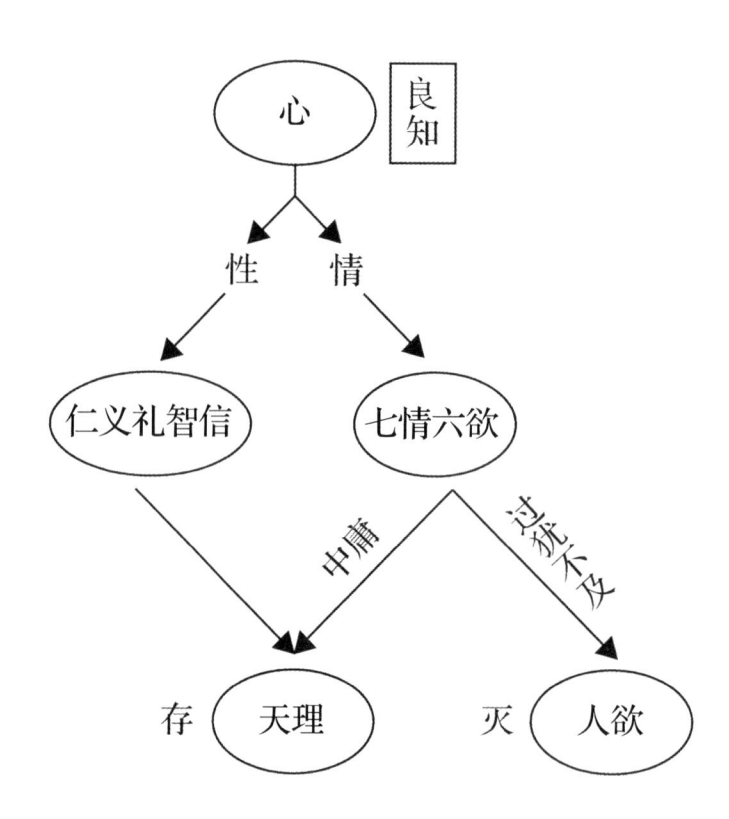

```
        ┌───┐
    ╱ 心 │良知│
        └───┘
    性 ╱   ╲ 情
      ╱     ╲
 ┌仁义礼智信┐  ┌七情六欲┐
 └─────┘  └────┘
      ╲  中庸  过犹不及 ╲
       ╲            ╲
   存  天理        灭  人欲
```

第五章
此心光明，内圣外王

一、工作即修行

有一位地方官常去听王阳明的心学讲座，每次都听得津津有味，偶尔会呈恍然大悟之态，眉飞色舞。月余后，他却深表起遗憾来："您讲得真精彩，可是我不能每天都来听，身为官员，好多政事缠绕，不能抽出太多时间来修行啊。"

王阳明接口道："我什么时候让你放弃工作来修行？"

该官员吃了一小惊："难道在工作中也可以修行？"

"工作即修行！"王阳明斩钉截铁地回道。

"我愚昧得很，"该官员既迷惑又惊奇，"难道您让我一边工作一边温习您的学说？"

王阳明说："心学不是悬空的，只有把它和实践相结合，才是它最好的归宿。我常说去事上磨炼就是因此。你要断案,就从断案这件事上学习心学。例如,当你判案时,要有一颗无善无恶的心,不能因为对方的无礼而恼怒;不能因为对方言语婉转而高兴;不能因为厌恶对方的请托而存心整治他;不能因为同情对方的哀求而屈意宽容他;不能因为自己的事务烦冗而随意草率结案;不能因为别人的诋毁和陷害而随别人的意愿去处理。这里所讲的一切情况都是私,唯有你自己清楚。这就是良知,良知就是自己知道而别人不知道。你必须认真省察克治,心中万不可有丝毫偏离而枉人是非,这就是致良知了。如果抛开事物去修行,反而处处落空,得不到心学的真谛。"

该官员恍然大悟,心灵满载而归。

凡人眼中,工作是工作,修行是修行。工作是为了糊口,与其有关的词汇是"乏味""机械""劳累"等,充满了俗世气味;而修行是"高大上"的,与其有关的词汇是"心灵""修道""正果"等,"修行"两个字本身就给人远离尘世的超脱之感。俗人眼中,修行应是找个深山老林,最好是有古庙静寺的深山老林,静坐,练练瑜伽,读读佛经,深呼吸。

这种修行方式在王阳明看来就是"着相"了,矫揉造作,为修行而修行。他认为,工作就是修行,工作情境则是标榜进取精神的儒家最好的修行之地。

1509年,王阳明被任命为庐陵县令。几个月后,他给弟子们写信谈心学,最后说道:

> 政事虽剧,亦是学问之地。

庐陵县的政事的确很"剧",恰因为很"剧",才成了王阳明心中修行的宝地。

庐陵县受江西吉安府管辖,在历任县令眼中,这是个刁民泛滥之地。当地百姓特别喜欢告状,县官每天的工作就是审案。这些案子就如人的欲望,层出不穷。

王阳明到庐陵县衙门的第一天,县衙的工作人员就提醒他,这些刁民特别喜欢告状,更喜欢上访,对付他们,只能采用高压手段。

王阳明开始修行,他说:"高压手段不是良知的指引,我们身为父母官,就要和百姓'和',高压手段只能破坏我们和百姓的'和'。自古以来,没有百姓喜欢和官府为难,我们应试着站在他们的角度考虑问题,是不是有非告状不可的原因呢?找到这个原因,解决它,这才是我们父母官应该做的。"

有此心必有此理,王阳明用心找庐陵百姓喜欢告状的原因,很快就找到了。庐陵是四省交通之地,人员流动性大,鱼龙混杂,是非极多。受习俗所染,庐陵人大都不是省油的灯。

如果用心至此,那王阳明得出整治庐陵百姓的真理就是高压政策。但王阳明觉得,还是没有得到最全面的真理。于是他又深入调查,这是内心良知的指引。很快,他又得出了另外的原因:庐陵的赋税比其他县要高出一大截,百姓经常告状就是因为不堪重赋。这是个恶性循环,赋税重就告状,告状久了就把告状当成行为艺术。

这个问题很棘手,要让百姓不告状就需减轻赋税,但赋税是上级指派下来的,减轻赋税就是违抗上级。王阳明没有多想,或许他的良知已告诉他答案:重赋是因,百姓告状是果,要从"因"上下手。

要和上级谈判取消重赋,这需要良心和勇气,更需要智慧,他不会逃避,自然也不会直来直去,在给上级的信中,他说:"我在看庐陵的税收记录时大为惊异地发现,三年前庐陵的赋税总额是四千两,这三年来却达到万余两。我先是兴奋得手舞足蹈，因为其他地方的赋税都在负增长，庐陵县却直线正增长。可我错了，因为从赋税名录上我发现，有些东西在庐陵根本不产，却要收税。我现在的疑惑是，这是中央政府规定的吗？如今马上又要交税，可最近庐陵发生旱灾，瘟疫又起。如果强行收税，我担心会激起民变。俗话说，饥人就是恶人。一旦有民变，后果不堪设想。

"站在民意的角度，这样做是逆情悖理，站在官方立场，我也是为你们着想，民变可不是闹着玩的。对于强行征税这件事，我于心不忍，客观条件也不允许。如果你们认为我无法胜任这份工作，我可以辞职。"

这番话有理有据，他的上级悚然，立即同意王阳明的主张，减轻赋税。

庐陵百姓向王阳明献上鲜花和掌声，王阳明随机而动道："你们打官司，我不反对。自己的权益受到侵害，理应奋起反抗。但你们的状纸太职业化了，你们问自己的良知，打官司的目的是什么？不是炫耀文采，不是哗众取宠，而是为自己争取应得的权益。古人云，'辞达而已'。三言两语能说清的事就别长篇大论。今后你们告状，要遵守以下几点：首先，一次只能上诉一件事；其次，内容不得超过两行，每行不得超过三十字；最后，你认为和对方可以解决的事，就不要来告状。如果有违反这三条的，我不但不受理，还要给予相应的罚款。"

百姓们唏嘘不已，王阳明趁热打铁，唤醒他们的良知。针对当时瘟疫横行的现实，王阳明写了篇感人肺腑的布告。他说："虽然是天灾，不可避免，也不能违抗，所以我们要适应它，并且在适应它时懂得点人生大道理。你们怕传染，所以就把得了病的亲人抛弃，表面上看，他们是因瘟疫而死，实际上是因为你们的抛弃而死。瘟疫并不可怕，通过正确的方法可以控制，可怕的是人心，一旦你们的心被恐惧侵袭，就会让你们做出没有天理的事来，这是逆天啊！我现在为你们指明一条消灭瘟疫的道路，那就是用你们的心。你们心中本就有孝心、仁心，不必去外面寻求任何东西，只要让你心中的孝心和仁心自然流露就万事大吉。"

不过，王阳明也承认，道德虽然是每个人自己的问题，可有些人的道德被多年的俗气污染，已不能自动自发地流露，所以必须要树立道德楷模，让道德楷模唤醒他们内心正要睡死过去的善良。

他的办法是老办法，但能解决新问题的办法大都是老办法。他恢复了朱元璋时代的早已名存实亡的申明亭和旌善亭的"两亭"制度，要求庐陵县所管辖的各乡村都要设立这"两亭"。旌善亭是光荣榜：凡是热心于公益事业和乐于助人者，为国家和地方做了贡献的人，在该亭张榜表彰，树立榜样——这是存天理；申明亭是黑榜：凡是当地的偷盗者、斗殴者或被官府定罪的，名字都在此亭中公布，目的是警戒他人——这是去人欲。

工作即修行，在王阳明看来就是在工作中致良知，尽量进入"四和"境界。所谓"四和"就是与天和、与地和、与人和、与己和。

与天地和，就是万物一体之仁，做官时，要把百姓当作自己的一部分；与人和，则是处理好自己与上级、下级的关系；与己和，就是听从良知的命令来行事。

岂止是官场，但凡是工作场所，都是修行之地，工作越繁重，修行的时机越好。号称吃透阳明心学的日本经营大师稻盛和夫说，在工作中修行，就是努力工作，心无旁骛地投入眼前的工作。王阳明对"工作中修行"的解释是：在工作中自然而然地按照良知要求去行事，除了良知的指示，心无旁骛。

你在工作中的表现如何，良知轻而易举就能知道。不欺良知，才是真修行。

有个叫南大吉的官员对王阳明说："我为政总有过失，先生为何没有说法？"

王阳明反问："你有什么过失？"

南大吉就把自己为政的过失一一说给王阳明听。

王阳明听完后，意味深长地道："你这些过失，我都指点过你。"

南大吉一愣："您好像没说过。"

王阳明见他上套，"嘿嘿"一笑："如果我没有说过，你是如何知道这些过失的？"

南大吉福至心灵，惊叫："良知！"

王阳明点头，南大吉兴奋地大笑。

几天后，南大吉又来见王阳明，叹息说："如果身边有个能人经常提醒我，我在工作上犯的过失可能会少点。"

王阳明说："你身边就是有个无所不能的人在时刻提醒你啊。"

南大吉略家思索，尖叫道："良知！"

又几天后，南大吉又来问王阳明："行为上有了过失可以改变，心上有了过失可如何是好？"

王阳明看了他一眼，说："你现在良知已现，心上不可能有过失。心上没有过失，行为上也就不可能有过失。我从未见过心上有过失的人会用心工作，也从未见过用心工作的人心上还会有什么过失。"

在王阳明看来，工作和修行是一体的，正如知行合一一样，也正如事上磨炼的心学基础一样，修行无体，以工作为体，以生活为体。离了工作和生活，修行就变得毫无意义。

有个叫朱廷立的官员向王阳明请教在工作中致良知的问题，王阳明答非所问地和他谈起了修身。朱廷立上班后，按照王阳明的教导进行一系列的修身之术。从中知道了自己心中厌恶的事情，而百姓厌恶的事情也知道了；知道了自己的欲望，也就知道百姓喜欢什么了；舍弃自己的私利，也就知道百姓的利益是什么了；提醒自己要遵守道德规范，也就知道了百姓应该遵守什么了；祛除了心中的魔鬼，也就知道百姓心中每天都想什么了。明白了这一切，而主动去做，就是致良知了。三个月后，他发现，他不但了解了百姓的好恶，还得到了百姓的真心，百姓纷纷在背后说他是好父母官。

朱廷立感叹说："我今天才知道，原来修身不但可以养性，还能提高工作质量。"但他突然懊悔，"工作质量是有了，可我的心学造诣没有提高啊。"于是，他又去问王阳明如何学习心学的问题。

让他莫名其妙的是，王阳明这次没有跟他谈一句学习心学，却跟他谈上了工作。朱廷立回到工作岗位上，认真工作。三个月后，他恍然大悟，原来，百姓所以亲近他，就是因为他之前按照王阳明的修身要求主动在修身啊。比如，把百姓厌恶的事情祛除，我就有了惩恶的快感；让百姓得到了很多好处，我也就有了能遏制欲望的能力；顺应了百姓的心声，我也就舍弃了自己的私利；经常告诫他们要遵守法律，我也就有了时时警惕自己的心；解救了他们的苦难，我心情很好，也就祛除了心病。看到百姓人人都圣人了，我其实也就是圣人了。

于是，朱廷立二度感叹说："我今天才知道，原来提高工作质量的诀窍就是先修身啊。"

后来，他又去见王阳明，问王阳明，工作和修行的关系。王阳明说："修身和工作，其实是一回事。修身是为了工作质量提高，提高工作质量来自于修身。修身是体，工作是用，致良知就是其中诀窍。"

朱同志最后得出结论:"修身和工作是一回事,用良知去修身,就是工作。用良知去工作,就是修身!"

这也正如稻盛和夫所说的,工作中修行是帮助我们提升心性和培养人格的最重要、也是最有效的方法。我们去用心工作,就是用工作来磨炼我们的心,提升了我们的灵魂层次,光明了我们的良知。

工作中修行,就如同走路,应边走边认,边问边走,在路上体认良知,最后必能抵达目的地——良知的光明。一个人最大的无良就是不能履职,因为它是对你良知的背叛,同样也会把你的人生带入深渊。

二、放下"我"

一个暴风雨之夜,你开着车经过公交站,站台上有三个人正在焦急等车:一个是浑身发抖的老人,必须尽快去医院;一个是医生,他曾救过你的命;最后一个则是你的梦中情人。你的车里只能坐下一个人,现在,你要做出选择,带上谁?

选择至少有三种,理由都充分。带上老人,因为人都有恻隐之心;带上医生,因为人都有知恩图报之心;带上梦中情人,因为人都有为自己谋取幸福的心。

其实无论你做出哪种选择,都会留下遗憾。但在王阳明看来,倘若良知光明,你做任何事时都不会留下遗憾。那么,为什么这三种选择都不完美呢?

原因就在我们自己身上。无论做哪种选择,车里永远都有一个"我",我不会下车。因为有"我",所以我们只能再带一个。

如果我们无"我"呢？也就是说，为何不是我下车，让医生带老人去医院，我陪伴梦中情人一起等公交车？

显然，这是个绝妙的办法，办法的玄机只是"有我"转换成"无我"而已。所谓"有我"就是一切以自己为中心，以自己为出发点，不肯放下"我"。正如你不肯下车，就不可能有完美答案一样。

在王阳明看来，"有我"最突出也是最可怕的表现就是"傲"。他说，人生千罪百恶皆从"傲"来：身为子女如果傲慢，必然不孝顺；身为人臣如果傲慢，必然不忠诚；身为父母如果傲慢，必然不慈爱；身为朋友如果傲慢，必然不守信。

所以他语重心长地对弟子们说：

> 人心是天然的理，天然的理精明纯净，没有纤毫污染，只是有一个"无我"罢了。胸中千万不可"有我"，"有我"就是傲慢。古代圣贤的诸多优点，也只是"无我"罢了。"无我"自然会谦谨。谦谨是一切善的基础，傲慢是一切恶的源泉。

他有位叫孟源的弟子就很傲慢，特别自以为是、贪求虚名。有一天，王阳明才教训过他，恰好有位朋友谈了自己近来的功夫，请王阳明指正。孟源在椅子上向后一仰道："这正好找到了我过去的家当。"（意思是，"你犯了我以前犯过的毛病"。）

王阳明板起面孔，看向他："你的老毛病又犯了。"

孟源闹了个大红脸，正想为自己辩解。

王阳明看定他："你的老毛病又犯了！"接着开导他，"这正是你人生中最大的缺点，打个比方吧。在一块一丈见方的地里种了一棵大树，雨露的滋润，土地的肥沃，只能对这棵树的根供给营养。若想在树的周围栽种一些优良的谷物，可上有树叶遮住阳光，下被树根盘结，缺乏营养，它又怎能生长成熟？所以只有砍掉这棵树，连须根也不留，才能种植优良谷物。否则，任你如何耕耘栽培，也只是滋养大树的根。"

孟源的表现就是一种"有我"，时刻想彰显自己，时刻想让自己在任何场合都崭露头角。

在王阳明的学生里，有一位比孟源要"有我"十倍！他就是王艮，我们前面提到"满大街都是圣人"的话语的主人公王艮。

王艮原名王银，出生于儒家大本营山东泰州，父亲靠煮盐维持全家生计。王艮7岁开始学习理学，4年后辍学继承父业，25岁时成为当地富翁。由于经济条件许可，王艮重新回归理学，他的天分和刻苦成就了他，29岁的某天夜里，他从梦中惊醒，浑身大汗如雨，突然感觉心体洞彻，万物都成一体，确切地说，他悟道了。

其实，即使朱熹本人诈尸，也不可能在四年时间里悟透理学之道，王艮的悟道只是他没有深厚的理学基础，没有基础就没有思想负担，一番胡思乱想后就很容易让自己误以为悟道了。王艮自悟道后，就四处讲学，他的讲学有个特点：不拘泥陈说旧注，而是根据自己的心理，以经证心、以悟释经，说白了，就是望文生义，但因为可以言之成理，所以他的听众越来越多。37岁时，王艮已在泰州名声大振，他把自己塑造成当地的一朵"奇葩"：按古礼定制了一套冠服，帽子叫"五常冠"，取儒家仁义礼智信五常之义，衣服是古代人穿的连衣裙"深衣"。穿戴完毕，他捧着笏板，行走时迈的步子经过精致的测量，坐时一动不动，和死人唯一的区别就是还有气息。

王艮还有一特立独行之处，就是嗜酒如命、嗜赌如命。1520年，他到江西挑战各路理学大家并且百战百胜,他最后狂傲地宣称,天下没有人可以当他的对手。当有人告诉他,江西有个叫王阳明的在学术上很厉害时,他冷笑。

王阳明听说有这样一个人后,派人隆重地去邀请。王艮没有时间,他正在喝酒赌博。王阳明不停地去请,王艮不停地在喝酒、赌博。

王阳明的弟子劝王阳明:"这种人还是算了,他既然不想来,强求不得。"

王阳明说:"据说这人很有'狂'气,我非要他来见我不可。"

弟子们问:"难不成去绑架他?"

王阳明笑了笑,找出几个学习力强的人专门学习喝酒、赌博。这几名弟子学成后就跑到王艮面前,先是喝酒,把王艮喝得大醉三天,又和王艮赌博,王艮输得一塌糊涂。王艮深深佩服对方,对方却告诉他,他们不是自学成才,而是有名师指导。王艮问是何人,他们就把王阳明的名字告诉了王艮。

王艮大吃一惊,说:"想不到王阳明这老儒还会这些东西!"

这些赢家就说:"我们老师非腐儒,而是能灵活变通的圣人。"

王艮打了几个酒嗝,推开牌局,说:"那我要去见见他。"

王艮戴上了他的复古帽,穿上了他的非主流衣服,捧着笏板来见王阳明。二人开始了一段有趣的对话。

王阳明:"你戴的是什么帽子?"

王艮:"舜帝的帽子。"

王阳明:"穿的什么衣服?"

王艮:"春秋时道家代表人物老莱子的衣服。"

王阳明:"为什么穿这样的衣服?"

王艮:"表示对父母的孝心(舜和老莱子都以孝著称)。"

王阳明："你的孝道贯通昼夜吗？"

王艮："当然。"

王阳明："如果你认为穿这套衣服就是孝，那你脱掉衣服就寝时，你的孝还在吗？"

王艮："我的孝在心，哪里在衣服上！"

王阳明："既然不在衣服上，何必把衣服穿的如此古怪？你是想把孝做给别人看？"

王艮："……"

就这样，王艮做了王阳明的弟子。王阳明觉得"银"有金字旁，金乃狂躁流动之物，于是把它去掉，名为王艮，字"汝止"。这是提醒王艮：别飘，懂得止于"无我"之境。

但王艮虽然拜了王阳明为师，仍然是个"有我"的极品。

有一天，他出游归来，王阳明问他："都见到了什么？"

王艮以一副异常惊讶的声调说："我看到满街都是圣人。"

我们应该注意，王艮这句话别有深意。王艮来拜王阳明为师前就是狂傲不羁的人，拜王阳明为师后，也未改变"傲"的气质，王阳明多次说："人人都可以成为圣人。"王艮不相信。他始终认为圣人是遥不可及的。

所以他说的"我看满街都是圣人"这句话，是在讥笑王阳明的言论："你瞧，那些在大街上的凡夫俗子都是圣人，我怎么都不相信，天下会有这样多圣人啊。"

王阳明大概是猜透了王艮的心意，于是就借力打力："你看到满大街都是圣人，满大街的人看你也是圣人。"

王艮尴尬地一笑："都是圣人。"

王阳明点头说："对！人人都是圣人，谁也不比任何人差。"

他还应该再加一句:"谁也不比任何人高明!"

"有我"是恶,"无我"是善,"有我"是良知不明,"无我"就是致良知。一旦我们放下"有我",不要以自我为中心、为出发点,就会发现无论是在精神上还是在物质上,你都会得到更多。正如开篇的那个测试题,可谓一箭三雕。

三、责人与责己

有一天,大街上两个人起了争执。甲骂乙:"你真是丧尽天理!"乙反击:"你才是丧尽天理!"甲又说:"你的良心让狗吃了!"乙跳着脚:"你的良心才让狗吃了呢!"

王阳明的讲课被这闹哄哄的场面打断,有弟子站起来就要出去。王阳明拦住他:"别去,你听,他们在讲我的心学呢。"

弟子们以为王老师的耳朵出了问题:"他们是在互相诟骂呢!"

王阳明摇头道:"你们没有听到吗?'天理''良心',这不就是在讲心学。"

弟子们仍有疑问:"既然是讲学,为何不好好讲,干吗互相诟骂?"

王阳明叹息道:"这种人很多,只知道责人,不知反省自己。倘若他们真以责人的心来省己,那就是致良知了。"

责人与责己,是中国传统道德的老话题。在古人看来,圣贤和普通人的重要一点区别就是以责人之心责己、以恕己之心恕人。其实就是对自己狠,对别人柔。

中国古人给责己和责人订立了两个标准,责己以"义",责人以

"仁"。《吕氏春秋》说，批评自己以"义"为标准，就很难做出不善的事，自己的行为举止就会非常谨饬、慎重；而批评别人以"仁"为胸怀，别人就会很满意，而取得别人的满意也就能赢得人心。

王阳明认为，"义"是适宜，"仁"是爱。良知就是"义"，就是"仁"，所以我们责人和责己的标准只是一个：良知。良知知道什么是适宜的，什么是爱，按照良知的指引去责人和责己就能赢得人心，就能使自己的行为举止中规中矩。

所谓责己，就是不断地反省与自检。看到别人的优点，应该努力学习；看到别人的缺陷，则应该反思自己身上是否也存在同样的毛病。倘若有人对我蛮横无礼，我也应该反思自己：他为何会用这种态度对待我呢？是不是我哪里做得不好呢？

特别是当我们高兴、愤怒、心志松懈、行为放肆时，更应该自检：我的言行举止是否已出离了不偏不倚的轨道呢？

倘若每个人都能够自我督察，反思内省，那么天下将没有纷争，宇宙则充满和顺气息。可和顺气息的出现是相当有难度的，因为我们责人时，什么道理都懂；而责己时就什么道理都不懂了。王阳明说，其实这也符合人性：人虽至愚，责人则明；虽有聪明，责己则昏。

所以王阳明告诫众人：

> 学须反己。若徒责人，只见得人不是，不见自己非；若能反己，方见自己有许多未尽处，奚暇责人？

一味地去责人，有两个坏处：第一，看不到自己的错；第二，由于你本身还有过错，用并不光明的良知去责备别人，别人不会服气，到头来弄巧成拙，自己惹了一肚子气不算，还得罪了人。

王阳明举例说："舜把总想害他的弟弟象感化成善人，诀窍就在于，舜总责己。象对他做一件坏事，舜就反省，是不是我的错？这就是只见自己的不是。如果舜总责人，那必去纠正象的奸恶，象肯定不会被感化。因为你去纠正恶人的恶行时，等于是揭发了他的丑恶。由于人人都有良知，恶人会发现你说的是对的，会尽力掩盖，他会更怒不可遏，而变得更恶。"

所以当我们要责人时，王阳明出主意说："你就把责人当成一大私欲，立即去克。"

运用"责己"，有时候还是绝妙的招数，来化解矛盾。

有父子二人来告状，请王阳明判案。随从欲阻挡他们。王阳明却主动听了他们说的情况，然后说了一句话，父子二人就抱头痛哭，最后和好离去了。

王阳明的弟子们大为惊讶，问王阳明："您说了什么就使父子二人很快地悔悟了呢？"王阳明平静地回答："我对他们说，虞舜是世上最不孝顺的儿子，他的父亲瞽叟是世上最慈祥的父亲。"

稍懂历史的人都知道，王阳明说反了。舜的老爹瞽叟总想害舜，舜却一直对他老爹好。

面对弟子们的惊异神色，王阳明缓缓道："舜常常自以为是最不孝的，因此他能孝；瞽叟常常自以为是最慈祥的，因此，他不能慈爱。瞽叟只记着舜是他拉扯养大的，心想如今舜为什么不让他快乐，他不清楚他的心已被后妻迷惑而改变了，还自以为能慈爱，因此，他就更不能慈爱；舜总是记着小时候父亲是多么地爱他，而如今之所以不爱了，只因为自己不能尽孝，每天想着自己不能尽孝之处，因此，他就更加孝顺。等到瞽叟高兴时，他只不过是恢复了心中原本就有的慈爱的本体。所以，后世之人都称舜是一个古往今来的大孝子，瞽叟也就变成了一个慈祥的父亲。"

是不是只责己就万事大吉呢？不是！

王阳明说："不是不能责人，而是责人要讲究方法。我们责人，不是为了显示自己，不是为了责人而责人，主要还是要帮助别人改正缺点。"

阳明心学"责人"的最高境界是"不责而责"。如果真心实意恳求对方改过向善，怀着爱人之心对人进行批评和指正而取不得任何效果后，那就必须"不责而责"了。

所谓"不责而责"，就是把全部精力都用在"责己"上，把自己锻造成一个道德高尚、心胸开阔的人，然后再通过自己的行动去感化别人：以宽让、温和的态度，原谅别人的能力不足，容忍别人还未达到道德的要求，宽恕别人的无知，理解别人不愿意做的事情。

这就是阳明心学的责人和责己的辩证关系，它符合阳明心学思想：良知有大小，人人都有错。只需专心光明自己的良知，当我良知光明后、致良知于人人时，则人人都能得到我的良知（理），而这个良知（理）其实也是他们的良知。

四、此心不动，随机而动

1493年，王阳明参加会试，名落孙山。他的朋友们都心急火燎地来安慰他，却发现他面色如常，毫无落第的悲伤。王阳明笑着对他们说："我落第，你们却动心。"朋友们大为尴尬。

三年后，王阳明在会试中二度落榜，朋友们发了羊癫疯似的跑来安慰他。这一次，他们势在必得，非要看到王阳明痛哭流涕。为了计划顺利，他们还特意找了几个落第的朋友，悲伤号啕，烘托气氛，勾引出王阳明的伤心来。

但这一次，他们又大失所望。王阳明不动声色地看着啜泣的落第举子，平静地说道："你们都以落第为耻，我却以落第动心为耻。"

落第无所谓，动心才是个问题。此心不动，是阳明心学的目标之一，也是一种人生境界。此心不动，方能在面对各种情境时方寸不乱，应对自如。就如阿基米德"给我一个支点，我能撬动地球"的那个"支点"，岂止是能撬动地球，它能撬动天地万物。

但是，要养成此心不动，殊非易事。我们常常会受到外界的各种刺激，比如无人不曾经历过的"毁谤"。

有人问王阳明："孔子那样的圣人，怎么也会受到别人的毁谤，而且还那么多？"

孔子受人毁谤的确很多，时人对他泼了太多冷水和脏水，最有名的脏水就是"丧家犬"。按一般的见解，如孔子这样的圣人应该是万民敬仰，天下俯首的，为他歌功颂德还来不及，怎么会毁谤他呢？

王阳明解释道："毁谤是从外面来的，圣人也避免不了。"

弟子大惑："您不是说心外无事吗？毁谤就是一事，怎么是从外面来的？"

王阳明正色道："我说心外无事，是天下本无事，庸人自扰之。你别去当庸人，没有说别人不是庸人。管好你自己的心和嘴，你怎能管住别人的心和嘴？"

众弟子大为惊悚。王阳明缓和了语气接着说道："人只应注重自身修养，若自己的的确确是一个圣贤，纵然世人都毁谤他，也不能说倒他。这就如同浮云遮日，如何能损毁太阳的光芒？如果自己是个外貌恭敬庄重，内心却空虚无德的人，纵然无人说他坏话，他隐藏的恶也会在不久的将来暴露。因此，孟子说：'有求全之毁，有不虞之誉。'毁誉来自外界，岂能躲避？只要能加强自身修养，把自己的心锻造得强大，外来的毁誉能把我怎样？"

民谚说，唾沫星子淹死人，但淹死的都是内心脆弱的人。王阳明说：

> 毁誉荣辱之来，非独不以动其心，且资之以为切磋砥砺之地。故君子无入而不自得，正以其无入而非学也。

王阳明说，人若能实实在在地用功，不论别人如何诽谤和侮辱，依然会处处受益，处处都能培养道理；若不用功，别人的诽谤和侮辱就如魔鬼，最终会被它击垮。

如何用功？诀窍就是两个字：自信。

王阳明在平定朱宸濠叛乱后，皇帝朱厚照御驾来南方。他身边一群小人以妖言蛊惑朱厚照，殚精竭虑地找王阳明的麻烦。当时有很多人劝王阳明，赶紧想办法去找皇上，向他吐露您的真心。王阳明一本正经地说："君子不求天下人相信自己，自己相信自己而已。我现在相信自己还没有时间，哪里还有心思去让别人相信我？"

如果你连自己都不相信，岂能让别人相信你？

这就是"自信"，它需要你锻造自己的良知，只要良知光明，外界的怀疑、侮辱终有真相大白于天下之时。王阳明是这么说的："各位只要根据这良知耐心地做下去，不在乎别人的嘲笑、诽谤、称誉、侮辱，任他功夫有进有退，我只要这致良知没有片刻停息，时间久了，自会感到有力，也自然不会被外面的任何事情动摇。"

王阳明举例说:"从前有人到朋友家做客,他的仆人偷了朋友的一双鞋。回家后,他让仆人去买鞋,仆人就把偷来的鞋当作是买的给了他。他很高兴地穿到脚上,恰好朋友来访,一见他的鞋,暴跳如雷,'我早就怀疑是你偷的,想不到真是!'于是二人绝交。若干时日后,仆人承认了自己是偷窃者,真相大白。朋友慌忙跑来说,'我竟然怀疑你,真是大罪'。又问,'你当时为何不解释?'"

这人回答:"我没有偷你的鞋,这是自信。你误会我也并未伤我分毫,如今你来向我道歉,我也未得分毫。反而是你,先是发怒,现在又是愧疚,心真是忙乱得很啊!"

王阳明用这个故事告诉我们,无论遇到外界多么大的侮辱与毁谤,都要自信。只要你没做,侮辱和毁谤伤不了你,而且既是无中生有,终会真相大白,水落石出。

下面这个故事虽是笑话,背后的道理却非常严肃:一对父子赶着驴去集市。有路人看到说:"这父子二人真傻,这么好的驴子,居然不骑。"

老爹想想也是,就让儿子骑上了驴。

走了一段路,又有路人说:"这孩子真不像话,让父亲走路,自己骑驴。"

儿子听到后赶紧跳下驴来,把父亲扶上驴。

老爹还未坐稳,就听到一个路人说:"这做爹的心太狠,让孩子走路,自己却骑驴。"

听到这话,老爹赶紧把儿子也抱到驴背上。

走出步远,又一路人说:"这二人真狠毒,两个人都骑到驴上!"

父子二人听了这样的话后,惶惶然。

最后,两人终于想到一个办法:抬起那头驴走路。

我们常常对物欲动心外，还会对别人的评价动心。所以动心，是因为我们并不自信，就像一个空碗，需要外在的东西来填充，别人的评价就是这种填充物。王阳明说："有此心就有此理，你有一颗不自信的心，自然就会产生不自信的理。所以你的心在外物的干扰下不停地动，永不停息。"

所谓"自信"不是被动地坚信自己"问心无愧"，而是要把遇到的坎坷、磨难当作正面的东西，要把它当成是砥砺人、磨炼人的东西。而且你应该感谢它，荣誉是从正面磨砺你，诽谤和侮辱是从反面磨砺你。无论是哪种磨砺，它都是你练心的大好时机。

这样一来，无论顺境还是逆境，你都能有所得；无论荣誉还是侮辱，你都能把它当成一门学问。

1519年，宁王朱宸濠在江西南昌发动叛乱，王阳明以临时拼凑的部队仅用了四十三天就摧毁了朱宸濠的二十万大军。庆功宴上，有弟子问王阳明："用兵有术否？"

王阳明回答："用兵能有什么术？只是学问纯笃，养得此心不动罢了。"

一弟子沾沾自喜道："那我也能用兵。"

王阳明看向他，他脸上充盈着自信的光："只要临战时让此心不动，不就如您一样谈笑间击败敌人了？"

王阳明笑问："你怎样让自己的心不动？"

"我用心控制它啊。"

"你的心全力控制你不动，那你运筹帷幄用什么？"

该弟子哑然。

王阳明这位自作聪明的弟子的想法并非空穴来风，而是源于战国的告子。告子就是说出"食色性也"的人，他也说此心不动，却是强行死扣这颗心,强制它纹丝不动。此时,你的心的功用就是不停地告诉自己:不要心动,不要心动。

心用在了这方面,一旦有事来,你该用什么去迎战事呢?一心是不可二用的。

王阳明说的此心不动,是致良知到自然不动。

> 心之本体,原本不动。心之本体即为性,性即理。性原本不动,理原本不动。

即是说,我们的心是命中注定不该动的,如果心不动,由于心即理,那理也不会动。我们的心主宰着理,所以有什么样的心就会产生什么样的理。有克敌制胜的心,就有克敌制胜的一番道理、技巧出来。但由于习俗所染,我们的心常常躁动、骚动、欲动,要想恢复其本体,就要致良知,用孟子的说法就是"集义":在现实生活中做符合道义的事。积累善行和善念,心胸坦荡,临事时自然能不动心。

平定朱宸濠后,皇帝朱厚照南巡。朱厚照身边的一群小人千方百计想搞掉王阳明,于是在朱厚照耳边诋毁王阳明,说他要谋反。

朱厚照怀疑王阳明的消息层出不穷,王阳明的很多朋友都劝他赶紧离开南昌,逃离这个危险之地。王阳明的弟子们也苦苦劝说。王阳明泰然不动,心无旁骛地和弟子们探讨心学。但弟子们都面有忧色,王阳明实在看不下去弟子们布满乌云的脸,就对他们说出心声:"你们为我的担心是多余的。我早已交出兵权,说我谋反简直愚蠢之极,这就是自信。皇帝若不傻,他也会明白。如果我此时上蹿下跳,到处打探消息,打点关系,岂不是正中了那些人的诡计,说我做贼心虚?我在此泰然自若，也是有深意在。"

这番道理深入众弟子的心，王阳明又急转直下道："即使皇上听信谣言，真要惩治我，我也无法回避躲闪。雷要打，就随它打来，忧惧有什么用？你怕雷打来，就产生忧惧心，忧惧心一起，就会乱了方寸，到时雷不打来，你自己也吓破胆了。未发生的事，何必忧惧，事情要发生，你忧惧有何用？"

这就是阳明学的此心不动，此心不动并非是消极地听天由命，而是抱定问心无愧的心来应对到来和即将到来的危险。危险和困境未来，没必要动心；危险和困境来了，动心又有什么意义？随遇而安罢了。

此心不动是永恒的吗？

王阳明的父亲王华去世后，王阳明哭得死去活来，恨不得和王华一同去了。有弟子说："您这是人欲了，心动了。"

王阳明哀伤道："这的确是人欲，但面对亲情，心不得不动，而且必须要动。"

弟子们大惑不解，忘记了老师正在哀伤欲绝中，急忙若渴地求知。

王阳明继续哀痛欲绝，但第二天，他恢复了本体，哀而不伤地说了八个字："此心不动，随机而动。"

注意王阳明这八个字，他在平定朱宸濠叛乱时也说过这八个字，而这八个字并不仅仅指的是让自己的心不动，抓住敌人心动露出破绽的机会，快速击之。

它还另有玄机。所谓"机"就是合理地表露自己人欲（七情）的机会。理学家认为，七情是人欲，必须要祛除和压制。这样就形成一个问题：人是有感情的动物，情感与生俱来，不可能消失，所以许多感情倘若长久淤积在心后就会潜藏在潜意识中，当有外界的刺激击入潜意识中时，它们就会被激活，如果病毒突变一样无限放大，我们就会失控，心理所当然地大动起来。

比如那些落第的举子，所以对落第动心，就是因为他们太把中举当回事，而碍于读书人的尊严，他们在平时又不敢太表露这种感情，积压在心，突然未中举，心上大动，立即失控，死去活来。王阳明则大不同，他没把中举当回事，也就没有这种感情的积压，所以当落第这一刺激击过来时，等于是在沙漠中扔了一桶水，而那些人则如同在雷区扔了一把火。

王阳明认为，七情唯有适当地表露出来，才能让你的心更为强大，由此不动心。七情就是雷区，只有把雷在平时排除干净，当火来时才不会大爆炸。做到这点，也就恢复了活泼泼的心的本体。

就此我们可以下定结论：欲养得此心不动，除了自信、学养深厚，还有个重要前提就是，必须随机而动。

五、心学养生法

中国传统文化中有一种文化叫"养生"，儒、释、道三教针对"养生"发过的论述浩若烟海。三教还算殊途同归，认为"养"即保养、调养之意，"生"即生命、生存之意，养生的目的是让我们拥有一个好身体和健康的心灵——归根结底，养生就是养心。

《吕氏春秋·贵生》中说："圣人认为天下所有事中，没有比生命更宝贵的。如何保护我们的生命呢？这就需要去我们生命主宰的耳朵、眼睛、鼻子和嘴上用功。耳朵虽然想听悦耳的声音，眼睛虽然想看好看的东西，鼻子虽然想闻芬芳的香气，嘴巴虽然想吃美味的食物，但如果对于生命有害就该用心制止。对于这四种器官来说不愿接受的事物，但只要对生命有利，就该去做。由此看来，耳朵、眼睛、鼻子和嘴，不能擅自行动，必须有所制约。这就像担任官职一样，不允许随意行事，必须有所制约。这是珍重生命的方法。"

这个"制约"就是克己。王阳明说："人需要有为自己着想的心方能克己，能够克己，就能成就自己。"

有个叫萧惠的弟子问："自私很难克去，该怎么办呢？"

王阳明说："让我替你克去自私。"

萧惠很沮丧也很疑惑："我的确有为自己着想的心，可就是不能克己！"

王阳明循序渐进道："你不妨先谈谈你为自己的心是怎样的。"

萧惠被问住了，许久才说："我也一心要做个身心健康的人，便自我感觉很有一些为自己的心。如今想来，也只是一个空有躯壳的我，并非真实的自我。"

王阳明说："真正的我怎能离开身体？只是你也不曾为那空有躯壳的我，你所说的躯壳的我，岂不是指耳、目、口、鼻、四肢吗？"

萧惠说："正是为了这些。眼睛爱看美色，耳朵爱听美声，嘴巴爱吃美味，四肢爱享受安逸，我无法制约他们，自然不能克己。"

王阳明说："美色使人目盲，美声使人耳聋，美味使人口伤，放纵令人发狂，所有这些，对你的耳目口鼻和四肢都有损害，怎么会有益于你的耳目口鼻和四肢呢？如果真的是为了耳目口鼻和四肢，就要考虑耳朵当听什么，眼睛当看什么，嘴巴当说什么，四肢当做什么。只有做到'非礼勿视，非礼勿听，非礼勿言，非礼勿动'，才能实现耳目口鼻和四肢的功能，这才真正是为了自己的耳目口鼻和四肢。此时，并非你的耳目口鼻和四肢自动不看、不听、不说、不动，这必须是你的心在起作用。其中视、听、言、动就是你的心。你心的视、听、言、动通过你的眼、耳、口、四肢来实现。如果你的心不存在，就没有你的耳目口鼻。所谓的心，并非专指那一团血肉。如果心专指那团血肉，现在有个人死去了，那团血肉仍在，但为什么不能视、听、言、动呢？

"所谓的真正的心，是那能使你视、听、言、动的'性'，亦即天理。有了这个性，才有了这性的生生不息之理，也就是仁。性的生生之理，显现在眼时便能看，显现在耳时便能听，显现在口时便能说，显现在四肢便能动，这些都是天理在起作用。因为天理主宰着人的身体，所以又叫心。这心的本体，本来只是一个天理，原本无非礼存在。这就是你真实的自我，它是人的肉体的主宰。如果没有真我，也就没有肉体。确属有了它就生，没有它就死。你若真为了那个肉体的自我，必须依靠这个真我，就需要常存这个真我的本体。做到戒慎于不视，恐惧于不闻，害怕对这个真我的本体有一丝损伤。稍有丝毫的非礼萌生，有如刀剜针刺，不堪忍受，必须扔了刀、拔掉针。如此方是有为己之心，方能克己。你现在正是认贼为子，反而说什么有为自己的心，但为何不能克己呢？"

萧惠至为感动。

恰巧有位弟子捂着一只眼来找王阳明。他忧伤地对王阳明说："我的眼睛坏了，现在心情异常糟糕，这可怎么办？"

王阳明脱口而出："你呀，真是贵目贱心。"

这个回答就不仅是养生问题了，它是心学的精髓：关注心，如果心正了，良知光明，那外在的一切困难就都不是困难。

六、心学之勇

有个弟子叫陈九川的生了病，卧病在床，痛苦万分。

王阳明来看望他，嘘寒问暖一番后，问他："关于病这个东西，'格'起来有点困难，你觉得呢？"

陈九川苦笑道："的确难！我觉得它比'正心'难多了。它的难受，肉体的疼痛，非是心能控制得了的。"

王阳明不这样看，说："你的肉体也是受你心控制的，它疼时，你若能快乐、常快乐，就是功夫。"

这是大有难度的事，陈九川不想在这问题上纠结，而是和王阳明探讨起了学问："我常反省自己的念头思虑，有时觉得邪妄歪曲，有时想去治理天下大事。思考到终极时，也津津有味，达到难分难舍的地步而无法祛除。这种情况发觉得早还容易去掉，发觉迟了就难以排除。用力抑制，更觉格格不入。唯有将念头转移，方能把这种现象全部清理出去。如此清净思虑，似乎也无妨害。"

王阳明说："说来说去，你还是不懂得良知，只要在良知上下功夫即可。你一有念头，良知就知是非，只就在'是非'上用功，'是'的保持，'非'的祛除。"

陈九川很沮丧："我说的这些情况，正是良知未知时。"

王阳明笑了："良知怎么可能有不知的时候？只是你的良知被遮蔽了，它告诉你答案，你感觉到了却不肯去做。"

陈九川若有所思："大概是这样吧，这真是一场恶战，虽然明白，却不能扔掉。"

王阳明严肃地说道："必须要有勇气！"

陈九川茫然："勇气？"

"对！你用功久了，自会有勇。"

陈九川越发茫然。

王阳明解释道："孟子说勇气是'集义所生'，你行事合乎道义，这就是致良知。肯致良知，自然就会产生勇气。勇气反过来会光明你的良知，你在这场恶战中就很容易取胜了。"

王阳明所谓的"勇"到底是什么意思呢？

我们可以用《孔子集语·杂事》记载的一则故事来解说：孔子的弟子子路自诩很勇敢，但孔子始终认为子路是个容易冲动的勇夫，并未得孔门儒学"勇"的真谛。

某次，孔子游山，子路随行。孔子口渴，让子路去打水。子路在水边遇到一只老虎，兴奋得发狂，扔了水瓢就和老虎搏斗起来。几个回合，子路把老虎揍死，并把虎尾巴扯下揣在怀里，回来问孔子："上士打虎如何？"

孔子发现子路的水瓢不见了，怀里露出一条毛茸茸的东西，马上就明白了，于是回答："持虎头。"

子路又问："中士打虎如何？"

孔子回答："持虎耳。"

子路急了，再问："下士打虎如何？"

孔子回答："持虎尾。"

子路忿懑不已，自己徒手和老虎搏斗险些搭上性命，才落了个"下士"。他跑到一边，把老虎尾巴扔掉，揣了个石头回来。恶狠狠地问孔子："上士杀人用什么？"

孔子脸色不变："用笔。"

"中士杀人用什么？"

"用语言。"

"下士杀人用什么？"

"用石头。"

子路垂头丧气，心服口服，扔了石头，不言语。

孔子微笑道："你已接近勇士的标准了，因为'知耻近乎勇'。"

把孔子的话和王阳明的话结合起来，我们就可得出王阳明对"勇"的定义：知道是非、善恶、羞耻是良知，只是接近"勇"，而肯矫正和改正，就是真的勇，也就是致良知！

七、知行合一就是杠杆原理：撬动天地万物

1508年，王阳明在贵州龙场驿站发现了"良知"的神奇威力。公元前250年左右，古希腊物理学家阿基米德发现了"杠杆原理"，于是发出豪言壮语："给我一个支点和一根足够长的杠杆，我就能撬动地球。"

那个支点，倘若用王阳明的话来说，就是良知，而那根足够长的杠杆就是"行"。不必给我一个支点，因为这个支点与生俱来，剩下的事只是找一根足够长的杠杆，用力压下去就可以撬动天地万物和人情事变。所以，阿基米德的"杠杆原理"与王阳明的"知行合一"在某种程度上是相通的。

王阳明运用杠杆原理的实例不胜枚举，其创建心学不久后，在贵州龙场就牛刀小试了两次。第一次是撬动了贵州巡抚王质，第二次是撬动了贵州宣慰司宣慰使安贵荣。

贵州巡抚王质属于后反劲儿型，王阳明来龙场小半年了，他没有

动静。可当王阳明在龙场讲起心学，他有了动静。动静是很大的，一批受他指使的亦官亦匪的城管人物来到龙场驿站，作威作势要揍王阳明。王阳明岿然不动，听课的土著们暴跳如雷，情绪转化为行动，把这群人揍了个半死。

王质闻听此事后，七窍生烟，他想调动军队对付王阳明，但又改变了主意。他要亲自去找王阳明，但又改变了主意。最后，他下令给贵州司法部长官毛应奎，要他通知王阳明，这件事的影响极端恶劣，王阳明必须要在诚惶诚恐、毕恭毕敬的姿态下向他道歉，然后他才可以考虑是否赦免王阳明的罪。

毛应奎了解王质，知道这是廉价自尊下的无理取闹。虽然如此，他权衡了一下，认为王阳明比王质更容易摆平。于是他给王阳明写信，要他对王质走狗被群殴的事向王质道歉，哪怕就是一封道歉信也好。

王阳明让他大失所望。毛应奎接到王阳明的回信，信上说，殴打那群流氓的是当地土著，土著不会无缘故打人，是那群流氓先动手的。即使那群流氓是王质派来的，我没有打他们，所以我和王质之间未产生任何关系。我为何要向他道歉？如果他非揪住这件事不放，那你替我转告他，我在恶劣的龙场什么没有遇到过，几乎一日三死，再大的风暴对我而言也不过是虫豸。他最后说，我虽然是流放官员，不过也应该得到尊重。

据说，王质收到这封并非是给他的信后大为震惊，只好接受了尊严被侵犯的现实。我们可以仔细分析这件事，撬动王质的支点不在王质身上，而在王阳明心中。按他的意思，支点就是人人具有的自尊，王质有错在先，本应该王质向他道歉，但他大人不计小人过。有了这样一个支点，其他的问题，诸如"打人者非我""我什么没经历过"也就顺理而来。

王质事件不久,安贵荣事件再来。安贵荣在贵州并非等闲之辈,贵州的驿站就是他祖上奢香夫人为明帝国免费开凿的,所以他的神态里有一种无上荣耀的傲慢。他来见王阳明并不是听心学,按他的思维,王阳明学识渊博,声名远播,肯定有非凡的智慧。他希望王阳明能为他解惑,这个惑就是:他想减少贵州通往中原的驿站数量。

王阳明劝他别胡思乱想:"驿站,尤其贵州境内的驿站是中央政府控制贵州的烽火台,你撤驿站,会给中央政府'弱化中央政府对贵州控制能力'的印象。后果如何,不必我说。"

安贵荣急忙派人送来酒肉,说:"想不到这深山老林里有如您这样见识非凡的人,让人钦佩,关于裁撤驿站的事,我以后想都不想。"

王阳明回答他:"我没有这样的力量,我说的这个道理,你心中早已有之。"

对于祛除安贵荣欲望的支点,王阳明选择的是为其做利害分析,为何会把支点放在这里,是因为安贵荣要减少驿站数量的目的是少受中央政府的管辖,间接为自己谋取利益。谋取利益的人最怕失去利益,所以只要把支点放在利害关系上就万事大吉了。

在《传习录》中,王阳明曾谈到苏秦和张仪:

> 苏秦、张仪之智也,是圣人之资……仪、秦学术,善揣摸人情,无一些不中人肯綮,故其说不能穷。仪、秦亦是窥见得良知妙用处。

苏秦和张仪是战国时期的超级说客,靠纵横术发迹,名垂千古。王阳明为何要说苏秦和张仪"窥见良知妙用处"呢?原因就是"善揣摸人情,言语上都能切中对方的要害和关键"。这个"要害和关键"

就是肯綮，就是阿基米德支点的位置，就是良知所在。

苏秦原本是去说服秦王灭六国的，结果秦王对他嗤之以鼻，这让他深感耻辱。他发下重誓："你秦国不灭六国，我就让六国来灭你！"于是蜗居在家，头悬梁锥刺股，发愤图强研究六国情况，出山后去说服六国联合起来抵抗强秦。

苏秦游说六国的模式被后人总结为"利导法"，这种方法的层次如下：肯定优势—指出危机—出谋划策—分析利弊—以利导之。其实也就是分析利害，划出远景，以利导之，让被说服方乐于接受自己的主张。

说服六国任何一国时，苏秦第一步就分析对方的地理条件、兵力情况、军需物资、国力强弱、周边关系等客观优势，结合君主贤能、士卒英勇等主观因素，充分肯定其有利条件。并且注意结合每一个诸侯国的具体情况做出分析，有针对性地强调该国特色。总之，不论对于哪个国家，都首先强调其优势，以解除他们惧怕强秦的心理压力。然后指出其危机所在，分析危机产生的原因，为合纵战略做好铺垫。再然后替对方谋划，并给出主意，设计摆脱危机的方案(合纵战略)。最后分析利害，以利诱之，以理导之。

实际上，这个"利导法"最关键的地方就是利害，就是阿基米德支点。苏秦知道六国任何一国的利害所在，这就是良知的效用。也就是说，苏秦后来成为六国宰相，他其实只做了两件事：第一，找到撬动六国的那个支点（利害）；第二，压下杠杆（说话）。

苏秦撬动六国联合起来的支点是利害，他对各个国王说的一句话就是，如果六家联合，即使不能灭掉秦国，至少不会被秦国灭掉。倘若不联合，那肯定会被秦国——灭掉。

张仪撬动六国分解的支点同样是"利害"，但比苏秦的支点放得更精致。我们可以欣赏他说服魏国投靠秦国的精彩话语："魏国土地纵横不到千里，士兵不超过三十万。四周地势平坦，各国从四面八方都可以进攻，没有大山大河的阻隔。从新郑（韩国都城）到大梁（魏国都城）只有两百余里，战车驰骋，士兵奔走，不费多大力气就到。魏国南边跟楚国接境，西边跟韩国接境，北边跟赵国接境，东边跟齐国接境，士兵驻守四面，守卫边防堡垒的不少于十万人。魏国的地势，原本就是战场。如果魏国向南亲附楚国而不亲附齐国，那么齐国就会来攻打它的东面；向东亲附齐国而不亲附赵国，那么赵国就会来攻打它的北面；不和韩国合作，那么韩国就会来攻打它的西面；不和楚国亲近，那么楚国就会攻打它的南面。这就是所谓四分五裂的地理位置。

"大王如果不事秦国，秦国出兵攻打黄河以南，占据卷地、衍地、燕地、酸枣，胁迫卫国，夺取阳晋，那么赵国不能向南支援魏国，魏国就不能向北联系赵国。魏国不能向北联系赵国，合纵联盟的通路就断了。合纵联盟的通路一断绝，那么大王的国家要不危险就不可能了。如果秦国说服韩国攻打魏国，魏国害怕秦国，秦、韩两国一致对付魏国，魏国的灭亡就可以跷起脚来等待了。这是我替大王担忧的问题。

"我替大王着想，不如归顺秦国。归顺了秦国，楚国、韩国一定不敢乱动；没有楚国、韩国的危害，大王就可以高枕无忧，国家一定没有忧患了。秦国所想要削弱的莫过于楚国，而能削弱楚国的莫过于魏国。楚国虽有富足强大的名声，但实际空虚；它的士兵虽多，却容易败逃溃散，不能坚持战斗。如果全部出动魏国的军队，向南攻打楚国，胜利是肯定的。割裂楚国而加强魏国，亏损楚国而满足秦国，转嫁灾祸，安定国家，这是大好事呢。大王如果不听取我的意见，秦国将派精兵向东进攻,那时即使想归顺秦国,也不可能了。"

魏王被这番话折磨得寝食难安,最后同意了张仪的观点,做了秦国的卫星国。

这就是苏秦、张仪的利害杠杆原理。王阳明创建心学后的一切事迹中,都有这种杠杆原理充盈其中,尤其是在对付太监张忠时,发挥得淋漓尽致,让人目瞪口呆。

1519年,江西南昌宁王朱宸濠造反,王阳明只用月余就平定这场叛乱,并活捉朱宸濠。皇帝朱厚照御驾亲征,实际上是想到南方玩耍。但王阳明已活捉朱宸濠,朱厚照亲征玩耍的理由变得很不充分。其身边的太监张忠出主意:可将朱宸濠放了,皇上到江西重新捉他一回。

朱厚照狂喜,张忠立即派了锦衣卫拿着一面威武大将军的手牌去见王阳明。锦衣卫狂奔起来的速度至为可惊,1519年九月初,锦衣卫到达南昌城,并向王阳明呈上威武大将军的手牌,命令王阳明和他见面。王阳明确信,朱厚照真的来南方了。

弟子们说:"明显得很,威武大将军,就是皇上。他的手牌到和圣旨到没有区别,应该赶紧相见。"

王阳明拿出他的支点:"圣旨是圣旨,手牌是手牌,怎可同日而语?大将军的品级不过一品,况且我是文官,他是武官,文武不相统属。我为什么要迎他?"

王阳明的弟子们大骇:"他明明就是皇上,老师您这是想瞒天过海,恐怕要得罪皇上。"

王阳明叹息道:"做儿子的对于父母错误的言行无法指责时,最好的办法就是哭泣,怎么可以奉迎他的错误呢!"

他的属下苦苦相劝,王阳明只好让一名属下代替自己去见那名锦衣卫。锦衣卫发了一通火,更让他火大的是,按规矩,王阳明需要孝敬锦衣卫一大笔钱,可王阳明只给了五两金子。锦衣卫七窍生烟,决定第二天返回张忠处,让王阳明为其不恭付出代价。

第二天,王阳明适时出现了,他要撬动锦衣卫的良知。他说:"我亲自来送您。"说完就拉起锦衣卫的手,满怀深情地说,"下官在正德初年下锦衣狱很久,和贵衙门的诸多官员都有交情,但您是我见过的第一个轻财重义的锦衣卫。昨天给您的黄金只是礼节性往来,想不到就这么点钱您都不要,我真是惭愧得要死。我没有其他长处,只是会做点歌颂文章,他日当为您表彰此事,把您树立成典型,让天下人膜拜。"

锦衣卫的良知被他撬活了,因为这个支点选得非常好,正是绝大多数人最渴望的名声!锦衣卫先是错愕,接着就是感动。他让王阳明握着手,说:"本来这次来是让您交出朱宸濠的,可看您也没有这个意思,虽然我没有完成任务,但您的一番话让我心弦大动。我提醒王大人,还会有人来。"

王阳明装出一副惊异的样子,问:"为何要朱宸濠?朱宸濠既被我捉,本该我献俘才对啊。"

锦衣卫不语,转身跳上马背,一溜烟尘跑了。

王阳明不交出朱宸濠,朱厚照就不能来。朱厚照若来可不是一个人,他是带着十几万大军来,这群蝗虫所过之处人民必定遭殃。他们仅以搜索朱宸濠余党这一堂而皇之的理由就能让无数百姓家灰飞烟灭。

此时的王阳明只有一个支点:押着朱宸濠急速北上,在半路堵住朱厚照,让他没有理由再来南方。1519年阴历九月十一,王阳明把朱宸濠一干俘虏装进囚车,从水路出发去堵朱厚照。

王阳明走到广信，张忠派来的两位高级宦官来见王阳明，声称是奉了皇上朱厚照的圣旨，要王阳明把朱宸濠交给他们。

王阳明这次面对的不是锦衣卫，而是东厂太监。锦衣卫还有点人性，东厂全是兽性，王阳明用对付锦衣卫那套办法对付东厂太监，显然是胶柱鼓瑟。他的支点是对付恶人，千万别激发他的恶性，你不能和恶人直来直去地对着干，要懂得斗争的技巧。恶人也不是天不怕地不怕，他们最怕的就是利益的丧失。对付他们，只需要给他们摆清利害关系，他们就会知难而退。

王阳明热情地接待了两位高级宦官，两位高级宦官请王阳明不要废话，立刻交出朱宸濠。王阳明慢条斯理地问："这是皇帝的意思还是张忠的意思？"

两宦官冷笑："当然是皇上的意思。"

王阳明又问："皇上如此急着要朱宸濠，想要干什么？"

两宦官再度冷笑："我们做下人的，怎敢去擅自揣摩圣意？"

王阳明就讳莫如深地说："我大概知道皇上如此急迫想要干什么了。"

两宦官以为王阳明发现了他们的阴谋，脸色一变，不过很快就恢复平静，问王阳明："王大人难道是皇上肚里的蛔虫吗？"

王阳明说："我能猜出个一二。宁王造反前在宫中府中朋友无数，天下人谁不知道，宁王交朋友靠的就是金钱。本来，这是宁王人际交往的一个方式，可他现在既然造反，就是叛逆，用金钱交朋友那就是贿赂，我进南昌城后在宁王府中搜到了一箱子账本，上面详细地记载了他给了什么人，给了多少钱，这人又为他谋取了多少好处。"

说到这里，两位宦官早已面无人色，因为朱宸濠的朋友里就有他二人。王阳明见二人已没有了刚见面时的冷傲，马上就清退身边的所有人，然后从袖子里掏出两本册子，一本是账簿，另外一本则夹着二人和朱宸濠来往信件，这些信件完全可以证明二人和朱宸濠的关系非同一般，而且在朱宸濠造反的准备工作中给予了很大帮助。王阳明把来那个本册子都递给二人说："我仔细搜检了一番，只有这两本册子和二位有关，所以就都拿来，你们早做处理，以免后患。"

两人又惊又喜，对王阳明感激不尽。王阳明借势说："我准备北上亲自献俘，二位可跟随？"

两位宦官急忙说："不必，我等回张公公处报告，王大人放心，我等绝不会在您面前出现第二次。"

两人装出一副沮丧的表情回报张忠，说王阳明的确不好对付，取不到朱宸濠。张忠两次失败，发誓事不过三。他再派出东厂太监，要他无论如何都要拿到朱宸濠。

这一次，连王阳明的弟子们也认为，张忠第三次来取朱宸濠，势在必得，恐怕再用什么计谋也无济于事。王阳明平静如古井之水，特意在广信多留一天，等待张忠的奴才到来。

这位东厂宦官抱定一个信念："不和王阳明说任何废话，必须交人，否则就把王阳明当场法办。"在东厂眼中，王阳明不过是个都御史，他们的祖宗刘瑾连内阁首辅都办过，何况区区王阳明！

让他意外的是，当他提出要取朱宸濠时，王阳明没有和他针锋相对，而是马上同意。这位宦官正在沾沾自喜时，王阳明突然让人摆出笔墨纸砚，然后指着窗外说："朱宸濠的囚车就在外面，只要您写下下面的话：今某某带走朱宸濠，一切后果由我某某承担。然后签字画押，马上就可以领走朱宸濠。"

这位宦官呆若木鸡，他不敢签字画押。他和张忠都知道这样一件事：朱宸濠绝不能出意外，但意外很可能会发生。朱宸濠余党隐藏在江西各处，如果这些人头脑一热，劫了囚车，就是有十个脑袋也不够朱厚照砍的。

他试图让王阳明明白这样一个道理：张公公无论取什么，都不需要签字画押。

王阳明说："那就请张公公亲自来！"

张忠不能来，不然他早就来了。

就这样，王阳明轻而易举地化解了张忠的三次所设的障碍。其所用的方法也不过就是寻找到解决问题的支点，然后行动，撬动它罢了。

在王阳明看来，良知无所不知，无所不能。面对父母，我们就会把支点放到孝顺的位置；面对君王，我们会把支点放到忠诚的位置；面对同志，我们会把支点放到真诚的位置；面对敌人，我们会把支点放到利害的位置。剩下的事，只是压下杠杆（行），省时省力，一步到位。

所以，当我们的良知光明时，我们就能撬动世界，驾驭天地，统治万物。面对纷繁复杂的人情事变，我们能快速地找到处理它的最简捷有效的方式。

如果你的良知不明，就会出现支点位置有偏差。比如你面对父母时，支点会"过"或"不及"：过了就是把孝当作行为艺术，不及就是根本不会孝。二者在王阳明看来，都是恶。当支点不明时，你就无法撬动你要撬动的事物，知行就不可能合一，这就是阿基米德告诉我们的，更是王阳明告诉我们的！

八、所以恐惧，良知不明

有弟子问王阳明："晚上怕鬼，怎么办？"

王阳明回答："做了亏心事吧。人做了亏心事，良知会折磨他，使其提心吊胆。如果按良知去做事，积累善行（集义），光明磊落，怎么会怕鬼。"

旁边一个弟子说："您说的那些是正直的鬼，谁做了坏事，它们自然会去找当事人。可世界上有种鬼，不分青红皂白，找到谁算谁，这种鬼，怎能不怕啊？"

王阳明说："我从未听邪恶的鬼能被致良知的人撞上。如果真有人怕这种鬼，那是心邪，良知未明，和鬼无关。"

现代心理学认为，所谓恐惧，是我们对于危险的想象。和这种想象同时而来的是惊慌、警觉、肾上腺素分泌、盗汗、颤抖、心跳加快等心理和生理反应。

人为何会有恐惧？现代心理学家给出的解释是：当我们面对"自认为"无法克服、无法掌控、无法知晓的事物或环境时就会产生恐惧。

我们恐惧黑暗，是因为不清楚黑暗里隐藏着什么；我们恐高，是因为无法克服地心引力；我们恐惧鬼，是因为无法控制"行踪不定"的鬼；我们害怕地震、海啸等自然灾害，因为我们无法预知、掌控它们。

如果从王阳明心学角度来说，就是这样的：我们所以恐惧一些事物，是因为良知不明，当良知不明时，我们的认知程度就会降低，比如我们无法证明人们传说中的那些鬼怪是否存在，我们无法保证一旦遭遇危险是否可以自救，我们更无法得知未来所遇到的种种危险。当良知不明时，意味着我们的"意"所在事物上就会产生恐惧。比如

"意"在黑暗，就会恐惧黑暗，"意"在高处，就会恐高，"意"在虚无缥缈的"鬼"上，就会怕鬼。

由于意是从心所发出，所以王阳明断定：我们恐惧源于内心，而非外部。比如你心好色，就会撞到色鬼；你心贪财，就会撞到财鬼；你心发怒，就会撞到怒鬼；你心恐惧，就会处处撞到鬼。

我们该如何战胜恐惧？光明良知而已。确切地说，就是用王阳明心学的方法论。一是静坐，不要胡思乱想；二是事上磨炼，怕黑夜里见鬼，那就去黑夜里找鬼；还有一种方式就是集义，多做善良之事，在做善良之事时，你能得到心理慰藉，也能转移恐惧的注意力。

最后，请相信这一点，我们所恐惧的黑暗、鬼是无善无恶的，它们和人类不同，只要你与它坦诚相对，它就不会伤害你！

九、阳明心学与情绪控制

有对夫妇花了11年时间，看遍天下所有不孕不育医院，才生育了个孩子。夫妇二人恨不得把心掏出来对待孩子。孩子两岁那年的一个清晨，丈夫着急上班，出门前看到一瓶没有盖子的药水。他嘱咐妻子，记得把药瓶收好。

妻子在厨房忙得团团转，忘记了收起药瓶。结果就是，她的孩子被药水的颜色吸引，一口气喝光了。这种药水，少喝可以治病，多喝可以要命。男孩被紧急送往医院，但仍没有活下来。

妻子悲恸欲绝，她更不知该如何向丈夫交代。

很快，丈夫气喘吁吁地跑来，得知孩子已没了，发出根本不是人类的叫声。可当他看到一旁精神极度萎靡的妻子时，他拉起妻子的手，低声说道："I love you, dear!"（亲爱的，我爱你！）

我们已无从知道他妻子到底什么反应，因为故事就此结束了。

这个故事很可能是胡编的，我敢肯定，很少人在面对故事中男主人公的境地时会说出那句话！

为什么有人胡编这个故事呢？因为它要证明一个概念：Preset behavior，翻译成中文就是"前摄行为"。所谓"前摄行为"，就是要人反过来控制局面，而不被局面牵制！

胡编故事的人解释说：做丈夫的因为儿子死亡已成事实，再多的责骂也不能改变现况，只会惹来更多的伤心，而且不只自己失去儿子，妻子也同样失去了儿子。所以，就该反过来控制局面，而不被局面所牵制！

王阳明说：

> 凡人言语正到快意时，便截然能忍默得；意气正到发扬时，便翕然能收敛得；愤怒嗜欲正到腾沸时，便廓然能消化得：此非天下之大勇者不能也。

这是王阳明的"前摄行为"。它告诉我们，控制局面的最好方式就是止于至善，也就是良知所指定的那个关键点。唾沫横飞时，看到别人露出厌烦，能马上收嘴，这就是致良知；意气风发，恨不得把尾巴翘到天上时，能快速不露痕迹地收敛，这就是致良知；愤怒得如同炸药被点燃时，能春风化雨般将怒气化解于无形，这更是致良知。

可要做到这些，必须要有天下之大勇。这个"勇"在王阳明看来就是真诚恻怛地致良知。唯此而已，别无他勇！

当你拥有这种勇气并付诸行动时，就能掌控反客为主，掌控局面，掌控一切人情事变！

这不是王阳明谈高调，而是有他的亲身经历为证。

1519年阴历十一月末，皇帝朱厚照的亲信张忠、许泰和江彬带领二万中央军进入南昌城，南昌城是之前造反的宁王朱宸濠的老巢，张、许等人来到这里以搜捕宁王"余孽"为由，大肆侵夺南昌百姓的财产和生命。

王阳明告诉自己，一定要拯救南昌城的百姓。他的第一步计划是不给张忠团伙捕捉宁王"余孽"的机会，他命人悄悄通知南昌百姓，年轻人抓紧时间离开南昌城到乡下去躲藏，只留下老人小孩守护家园。如此一来，张忠团伙对南昌城百姓的伤害就会降到最低——没有人相信颤颤巍巍的老人和手无缚鸡之力的孩子会是乱党。

张忠团伙对王阳明恨之入骨，但他们还不敢明目张胆地对王阳明下手，于是他们思索出的招数是把王阳明活活骂死。他们挑选一批口齿伶俐、善于骂人的士兵组成一支特种部队。这支部队的主要工作就是坐在巡抚衙门口向门里破口大骂，这些脏话可以把死人骂活。

按常人思路，摆脱这种局面的方法有两种：一是针锋相对，找一批嘴皮子更厉害的人对骂；二是捂上耳朵不听。第一种方式肯定无法控制局面，第二种方式可能会起效果，但有些消极。王阳明控制局面的方式是：和弟子们专心致志地探讨心学。这就是"前摄行为"，反过来不动声色地控制局面，而不被局面牵制。

如此，局面完全掌控在王阳明手中，他一旦掌控局面，就开始反击。1520年春节将至，南昌城开始了祭祀祖先的活动。哭声一片，王阳明趁势发布告示，要南昌城百姓在祭祀祖先的同时也不要忽略下面的事实：南昌城中的中央军可是孤独一人来南昌的，他们出来多日肯定也思念家人，应该体谅他们。

这是攻心，而且毫无悬念地击中了对手。当张忠团伙派人去军营巡视时，探听到士兵们已经在开始诉说王阳明的好。他们很是吃了一惊，因为他们那颗烂污的心永远无法想明白，王阳明只是发了一道告示何以就产生了如此重大的效用。

他们想不到的事还有很多。紧接着，王阳明又发布告示说："值此新春来临之际，中央军的兄弟们不远万里从北京来到南昌，辛苦万分，我代表皇上犒师。"

张忠团伙失声叫了出来，王阳明这是要收买人心啊。不过江彬智慧略高一等，说："要他犒师，如果他铺张浪费，我们就报告给皇上；如果他抠门，我们正好煽动士兵骂他。"

江彬的确是个有智慧的人，当时南昌城百废待兴，王阳明根本没有实力犒师，所以他的犒师只是精神上的：要南昌城的百姓端着粗茶淡饭在大街小巷等着，只要看到中央军士兵就上前关怀，搞得中央军心潮澎湃。王阳明也亲自上阵，每当在街道上遇到中央军受伤的士兵时，必会停下真心实意地抚慰一番，这是典型的以情动人，已不仅是反过来控制局面，而且还是主动攻击对手，毫无悬念，这种方式会产生奇效。

谈了这么多，前摄效应的关键点在哪里？王阳明说，实际上就是控制住我们的情绪。坏情绪是我们人生的杀手，一定要学会操纵情绪，才能控制住我们所面对的一切局面！

十、人生规划只能"致良知"

在社会上,有一种人看上去很与众不同。他们整日踌躇满志,无时无刻不在算计和规划他的人生。据说,他们一出生便树立起伟大理想,并用尽浑身力气向这个理想前进。当他们功成名就后,就站到布满鲜花的讲台上,对芸芸众生喷道:"我今天能站在这个位置,因为很久以前我就树立了这个理想!"

有人问王阳明:"那些圣人应变无穷,做出惊天动地的大事业,是否之前有过规划(讲究)?"

王阳明回答:"如何讲究得许多?圣人之心如明镜,只是一个明,则随感而应,无物不照。"

人生就是一道变幻莫测的波浪线,谁都不知道下一步会走向哪里,会发生什么,所以人生不可能有完美的规划,如果一定要说有,也就是时刻光明自己的良知。

每个人的命运,都是不确定、不可靠的。之所以成为现在的这个样子,实际上都是许多个说不准的意外和偶然。在这意外和偶然之外,我们唯一可以做的就是致良知,良知之镜越明,当事物来时就照彻得越净。这也就是"机会永远给那些有准备的人"的话的意思。

有这样一个故事,它的本意是灌输给人们,对无常世事要有耐心和信心。但从另一角度看,它正是"人生不可规划"这法则的经典案例。

有位名叫桑巴的登山运动员,在一次登山时出了意外,陷入深谷,凭借毅力,他坚持了10天,最终获救。有记者问这位死里逃生的登山运动员:"10天时间里,你都想了些什么?"

桑巴回答:"两个字——生死。"

他说:"这10天,我把自己的一生都细细地想了一遍,却兴奋地发现了一个人生的秘密：自己的命运，或者说所有人的命运，原来都是不确定，不可靠的。"

桑巴首先想到的是自己的婚姻。20岁那年，他差点与另一个女人结婚，只是因为结婚前，那个女人向桑巴的家人多要了一张牛皮（当时的财礼）。桑巴的家人不同意多给一张牛皮，婚姻由此告吹。之后桑巴便娶了别家的女人。也就是说，一张牛皮，改变了桑巴的生命轨迹。

两段姻缘之间，桑巴还和别的女人有过交往，不过，没有一个和他走到一起，用他的话说："就差了一点点。"

桑巴的婚姻后来迎来了七年之痒，差一点离了婚。他和女人合不来，于是两人写好了离婚协议书，准备去办离婚。但那几天突降风雪，无法出门。风雪停了的时候，两人似乎已经过了非离不可的阶段，就这么又过到今天。要不是那一场暴风雪，桑巴该是和别的女人生活在一起。如果是和别的女人生活在一起，一切就都不是眼下的这个样子了：时间、地点、工作、环境都会不同，他现在肯定不是现在这样子。

桑巴最后又说到死亡，其实，这不是第一次面临死神的召唤。死神经常闻着他的踪迹追踪他。他3岁那年，患急性病，昏迷半月。医生查不出他是得了哪种病，无奈中宣布了他的死期。家人开始为他准备后事。谁想，这时正赶上一名同样病的人来就诊，而这名病人的病情更加显著，是细菌感染。大夫们恍然大悟，桑巴原来也是同样的病症。医生给他重新治疗……他活了。要不是赶上这么一个同病相怜的人，桑巴3岁那年便结束了生命。一生只活到3岁。

桑巴刚会游泳那年，也就七八岁的样子，他在河里脚抽筋，沉入河底。岸上空无一人，桑巴以为这次必死无疑。但就在这时，岸边突然出现了一位村民，偏偏还是一位水性很好的村民，救了桑巴。事后这位村民说，那天他是因为和自己的女人生了气，才跑出来。如果那天这位村民的生活一切正常，该是在家里吃午饭，那样桑巴也就没命了。桑巴活着，是因为一个人与另一个人的赌气，是因为别人家的一件意外。

20多岁时的某一天，桑巴乘火车外出，却赶上了火车出轨。桑巴坐的那节车厢，人员死伤最多，17人死，34人伤。列车在出轨前的5分钟，桑巴去上厕所，厕所正被使用。桑巴无奈，只好到别的车厢去找厕所。事后桑巴得知，那位使用厕所的人，正是死者中的一个。桑巴冒出一身冷汗。他想，如果当时他先进的厕所，那么他该是17名死者中的一个。

就在那生死的10天中，桑巴还想了很多很多。他发现人生原本是没有规律的，你可能是这样，也可能是那样。你可能差一点变成有钱的富人，你也可能差一点沦为衣食无着的艰辛者。也许你本该活到70岁，但有可能你在10岁、20岁时便突然故去，可也没准你活过了80岁，而且依然健康。这都可能，什么都有可能。

既然任何事情都有可能，那你的人生还需要算计什么呢？

美国心理专家威廉通过多年的研究，以铁的事实证明，凡是对名利太能算计的人，实际上都是很不幸的人，甚至是多病和短命的。威廉说，太能算计的人，心率跳动都较快，常有失眠症。消化系统遭到破坏，气血不调，免疫力下降；容易患神经性、皮肤性疾病。

一个太能算计的人，通常也是一个事事计较的人。无论他表面上多么大方，内心深处都不会坦然。而一个经常失去平静的人，一般都会引起较严重的焦虑症。一个常处在焦虑状态中的人，不但谈不上快乐，甚至是痛苦的。

国学大师冯友兰对那些经常算计人生的人告诫说:"你最好不要操心。你的根本错误就在于找个道理打量计算着去走。若是打量计算着去走,就调和也不对,不调和也不对,无论怎样都不对;你不打量计算着去走,就全对了。人自然会走对的路,原不需你操心打量的。遇事他便当下随感而应,这随感而应,通是对的。要于此外求对,是没有的。"

王阳明说:"周公制礼作乐,并非他算计得来的,而是当时有这样迫切的要求和机会,尧、舜那样伟大的人物难道不能制礼作乐吗?当然可以,只是他们没有遇到如周公遇到的迫切要求和机会。"

所以,人生规划无他,只是个良知光明后的随感而应,无物不照!

十一、解决囚徒困境的"诚"

心即理、知行合一、致良知,这些概念和理论如果你还未完全透彻明白,那我告诉你,只需要记住两个字就可以彻底读懂王阳明,这两个字就是——诚意!

所谓诚意,就是不欺骗自己良知做出的判断而去行动。王阳明说,惟天下至诚,然后能立天下之大本。只要你信守并践履"诚",那就能成就一片属于自己的天地。我们生活在天地之间、社会之中,要想过得美满如意,诚是唯一的武器!

王阳明说,诚就是不欺自己,相信别人,坚信自己发自良知所做出的判断也是别人能做出的!在社会生活中,我们每天都在做选择,甚至是抉择。而做出正确的选择或抉择对我们至关重要,那么,我们用什么来做出选择或抉择呢?

诚！

先来看个很有意思的"囚徒困境"：a、b两个囚徒，a坦白b抵赖，b判10年，a判1年；若两人均坦白则各判5年；若两人均抵赖则都判2年。a、b面临抉择。显然最好的策略是双方都抵赖，结果是大家都只被判2年。

但由于两人处于隔离的情况下无法串供，按照亚当·斯密的理论，每一个人都是一个"理性的经济人"，都会从利己的目的出发进行选择。

这两个人都会有这样一个盘算过程：假如他招了，我不招，得坐10年牢狱，招了才5年，所以招了划算；假如我招了，他也招，得坐5年，他要是不招，我就只坐1年，而他会坐10年牢，也是招了划算。综合以上几种情况考虑，不管他招不招，对我而言都是招了划算。

两个人都会动这样的脑筋，最终，两个人都选择了招，结果都被判5年刑期。

原本对双方都有利的策略（抵赖）和结局（被判2年刑）就不会出现。这就是著名的"囚徒困境"。它实际上告诉我们的是"纳什均衡"：每个博弈参与人都确信，在给定其他参与人战略决定的情况下，他选择了最优战略以回应对手的战略。也就是说，所有人的战略都是最优的。

我们很容易就注意到，无论是囚徒困境还是纳什均衡，双方都没有站在"诚"的基石上考虑问题。抛掉法律和道德观念，囚徒困境中，倘若两个人都以"诚"为出发点，相信自己做出"沉默"的判断是正确的，相信对方也会做出这样的判断，那最终的结果必是皆大欢喜的。

两人之所以得不到这样皆大欢喜的结果，就是因为没有"诚意"。没有"诚意"的人常会把别人想得毫无诚意,当他们以这种思维去试探别人的诚意时,得到的结果必如他所料。

有这样一个故事:丹麦著名医学家、诺贝尔得主芬森晚年要找个接班人,在众多候选者中,芬森选中年轻的哈里医生。但芬森担心这个年轻人不能在枯燥的医学研究中坚守到底。这个担忧被其助理得知,于是提出建议:让芬森的一个朋友假意出高薪聘请哈里,看他是否会动心。

芬森拒绝了乔治的建议。他说:"千万别站在道德制高点上俯瞰别人,也永远别去考验别人的诚意。哈里贫民出身,怎么会不对金钱有所渴望?如果我们一定要设置难题考验他,一方面要给他一个轻松的高薪工作,另一方面希望他选择拒绝,这就要求他必须是一个圣人……"

最终,哈里成了芬森的弟子。若干年后,哈里成为丹麦著名的医学家,当他听说了芬森当年拒绝考验自己人性的事时,老泪纵横:"假如当年恩师用巨大的利益做诱饵,来评估我的诚意,我肯定会掉进那个陷阱。因为当时我母亲患病在床需要医治,而我的弟妹们也等着我供他们上学,如果真的那样,就没有现在的我了……"

芬森的选择是对的,不相信别人的诚意、考验别人的诚意本身就证明你是没有诚意的人。曾有人问王阳明:"人事复杂,世间狡诈。我若以良知待人接物,别人若无良知,我岂不吃亏?"

王阳明回答:"你这样一想,其实就是良知被遮蔽了。别管别人如何,先管好自己。只要自己诚意,就必然会得到别人的诚意,这就是感应。"

附图4：良知是撬动一切的支点

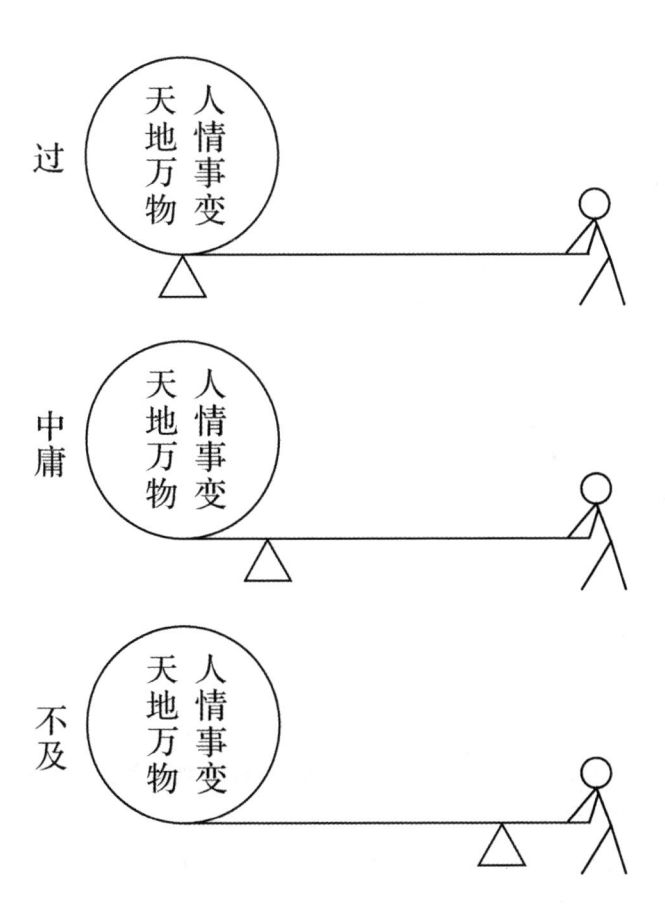

过　　人情事变／天地万物　　△＝良知　　人

中庸　　人情事变／天地万物　　△＝良知　　人

不及　　人情事变／天地万物　　△＝良知　　人

图注：△ ＝良知
　　　── ＝行

附图5：王阳明生平（1472—1529）

一、事略
1. 名号——名守仁，字伯安，浙江余姚人，谥号文成，世称阳明先生。
2. 先世——父王华，南京吏部尚书，母郑氏，怀孕14个月生王阳明。
3. 经历
   （1）第一期：30岁以前——浮夸时代——任侠、骑射、词章。
   （2）第二期：30至39岁——苦闷时代——外生活：痛苦、发配；内生活：仙佛、圣贤。
   （3）第三期：40至57岁——匡济时代——文治、武功、圣学。

二、学说
1. 世界观：万物一体、心即理。
2. 人生观：自尊无畏、内圣外王。
3. 价值观：知行合一、致良知。
4. 方法论：第一静坐，第二事上练。

三、事功
1. 平定南赣土匪。
2. 平定宁王朱宸濠之乱。
3. 平思州、田州及断藤峡土匪。

四、轶事
1. 十一岁时，金山寺赋诗："金山一点大如拳，打破维扬水底天。醉倚妙高台上月，玉箫吹彻洞龙眠"。座客大惊。
2. 十五岁时，出游居庸关，慨然有经略四方之志，追击蒙古健儿。
3. 十七岁时，在南昌结婚，洞房之日，偶入铁柱宫，遇道士谈养生术，相对忘归。
4. 三十七岁时，被贬贵州龙场驿站，忽半夜从梦中惊醒，大悟格物致知之旨，心学诞生。

五、著作
《王阳明全集》《大学问》《传习录》。

第六章
王阳明心学的命运

一、王阳明心学的分裂——左派心学洪流

1529年，王阳明在回归浙江的船上去世，享年57岁。王阳明的离世，注定使他历经千难万险创建的心学四分五裂。

王阳明提倡的"致良知"，实际上是刹那间对是非对错的判定，这和禅宗提倡的"顿悟"没有本质区别。他后来虽然补充了"事上磨炼"这一心学必不可少的环节，但因为是"补充"，而不是他心学思想的核心，所以很容易被人忽视和刻意地忽略。王阳明本人凭借高绝的天赋和所遭遇的艰险，可以随心所欲地阐述和实践他的心学，但不能指望别人也能做到这点。他的弟子虽然遍布天下，但真能和他的天分与悟性相提并论的人屈指可数，而这屈指可数的弟子又没有他经历过的那些苦难，理论有余而实践不足。尤为遗憾的是，王阳明有生之

年对心学并未有深入的阐述和定型，这就使得他的弟子们在理解王阳明心学时有很大的发挥余地，所以，王阳明心学的分裂不可避免。

王阳明心学的分裂的直接现场应该是1528年阴历九月发生在浙江绍兴新建伯爵府里的"天泉证道"，也就是围绕着王阳明"四句教"（无善无恶心之体，有善有恶意之动，知善知恶是良知，为善去恶是格物）的争论。

王阳明的弟子钱德洪认为："这是王老师说的根本定理，丝毫都不能改变，必须要按照四句教的字面意思去理解并奉行：心之体本来是无善无恶的，但因为人有习心，心发动的意中明显地存在善恶，所以必须要用能知是非善恶的良知去辨析，达到为善去恶。"

另一位王门高足王汝中不同意："如果心的本体是无善无恶的，它所发出的意也应该是无善无恶的，良知也是无善无恶的，你所做的任何事（物）就应该也是无善无恶的。"

钱德洪反对说："如果都是无善无恶的，那就没有事上练的必要，但'事上练'可是王阳明心学最强调的。"

王汝中说："那老师这个命题就含有矛盾。如果说意里有善恶，那主导它发出的心就有善恶，可老师明明说，无善无恶心之体。"

王汝中的意思是这样的：王老师的心学本来就是灵动的，而且王老师经常因材施教，同一个问题面对不同的弟子时，给出的答案也不同。王老师说的"四句教"可能是权宜之说，并非定型的真理。学问应该靠自身去领悟，而不应该跟在别人屁股后面。

钱德洪坚持的是"四有说"，王汝中的主张是"四无说"。

王阳明后来给出的解释是，两者是相辅相成的，王汝中是单刀直入，适合禀赋上等的人。钱德洪是循序渐进，适合禀赋中下等的人。

这就是著名的"天泉证道"。可惜，王阳明的这次证道，实际上是调和没有起到任何效果，钱德洪和王汝中依然坚持自己的看法，并且终其一生，都在努力传播他们的思想。

钱德洪一派尤其重视"事上练"，被称为王阳明心学右派，而王汝中则成为左派，认为人只要有良知，一切言谈举止就都是对的。他把王阳明处心积虑"要到事上去磨炼良知"的教导抛到脑后，把本来就和禅宗相近的王阳明心学中存留的儒家思想全部剔除。如果说，王阳明本人还要为他的心学披上一件儒家外衣的话，那么王汝中连这件衣服都懒得披了。但他和王阳明一样，拒不承认自己思想中多少有一些禅宗意味，他固执地认为被自己曲解了的王阳明心学才是真正的王阳明心学。

王阳明说："良知光明的心才能产生一切道理。"王汝中则说："只要你有良知，心上就能产生道理。"王阳明说："人须到事上去磨炼内心，使得良知光明。"王汝中则说："我内心有良知，本就很强大，不必去事上磨炼。"王阳明说："所谓'致良知'有两方面，一方面是向内光明自己的良知，一方面是向外发挥你的良知。"王汝中则说："良知就是现成的，只要向外发挥它就是了，不必向内光明它。"

王汝中对王阳明心学既然有这样的理解，就很容易产生下面的深刻印象：由于能分出是非善恶的良知是现成的，天理就在我心中，外在的一切规矩和束缚，尤其是作为意识形态的朱熹理学给人们订立的种种规矩都是扯淡，它们或者不存在，或者是错误的。人生在世，只凭自己的好恶（良知就是个好恶心）去生活就可以了。

王汝中为王阳明心学的左派点起了灯，那位怪诞不羁、理学底子单薄的王艮则把左派王阳明心学推向高潮。

众所周知，王阳明心学虽然简易直接，却是从千难万险曲折中来。以良知为例，人人都知道良知是怎么回事，但很少有人明白王阳明运用良知时为什么那么出神入化。原因很简单，王阳明三十多年各种知识的积累和身临绝境后的体悟共同制造了使用良知的奇迹，这是其他人无法复制的。正因此，很多人在注意王阳明心学时，知道良知是怎么回事，却不能恰到好处地使用。我们对一个看上去简单的事物有两种态度，一种是不屑一顾，一种是把它看得太简单，从而只是流于表面，没有深刻理解。

王艮就是这样的人。曾有人问王艮："你如何看待伊尹、傅说（二人都遇到了明主，功成名就）？"

王艮回答："这两人的功勋，我做不到，但两人的思想，我不屑。"

这人问原因。王艮回答："这两个家伙运气太好，伊尹遇到了商汤，傅说遇到了武丁，简直就是奇迹。可如果两人都认为，如果没有遇到他们的贵人，就要独善其身一辈子。孔子和我就绝不会这样。"

这段话传递出了王艮的思想：天地万物要依我，不是我要依天地万物。表面看，这和王阳明的"没有我的心，天地万物就不存在"是一个意思。实际上，王艮把王阳明这一思想极端化了：一个人注定能改变客观世界，如果适应客观世界，那就是"妾妇之道"。

王艮的这种思想，直白而言就是唯我独尊，在良知的指引下不惜一切代价创造新世界。最能体现他这种使命感和传道观的是他的一篇文章《鳅鳝说》：

有道人在市场散步，看见一家店铺门前缸中养育的鳝。鳝鱼非常多，互相重叠，互相纠缠，互相挤压，奄奄一息的样子。忽然，一条泥鳅从鳝鱼群中穿出，忽上忽下，忽左忽右，或前或后，周流不息，变动不居，如同一条神龙。鳝鱼由于泥鳅的活动而可以转身通气，恢复了生气。能让鳝鱼转身、通气、存活，这都是泥鳅的功劳。不过，泥鳅是因为怜悯要死的鳝鱼才这样做的吗？泥鳅是因为想要鳝鱼报答它的救命之恩才这样做的吗？都不是，这是因为泥鳅的"率性"。道人为此感叹道："我和同类并存于天地之间，不是如同泥鳅和鳝鱼一同在那缸里吗？我听说士大夫以天地万物为一体，为天地立心，为生民立命，不就应该像泥鳅那样吗？"于是准备车马，整理服装，慨然抱周游四方之志。突然一声霹雳，风雨雷电并作，泥鳅乘势跃上天空，化而为龙，腾入天河，投入大海，悠然而往，纵横自在，无限快乐。回首见缸中鳝鱼，仍然苟延残喘，于是复作雷雨，倾满大缸，鳝鱼因为得到了水，欣欣然得生意，而且很快就苏醒，一同游归长江大海。

王艮用这个寓言告诉人们：每个人都应该像那条泥鳅一样，凭借现成的良知去做一番惊天动地的大事业，而这个大事业就是爱一切人和一切物（民胞物与），拯救一切人和一切物，普度一切人和一切物。王艮说，真正的圣人就是那些率性（按良知指引）去做事，"即使不被世免，但亦前进于道"的"志士"。

实际上，王艮思想和王阳明思想在大方向上没有出入。王阳明始终教导他的弟子们，人人都能成为尧舜那样的圣人；王艮也说，天下苍生都是圣人。但王阳明承认一点，虽然人人都能成为尧舜那样的圣人，可必须下功夫致良知，只有把良知光明了，才能成为尧舜那样的圣人。因为在王阳明看来，只有良知在不被遮蔽下才有可能分清是非善恶，才能按良知的标准去做事。王艮拒绝承认光明良知的必要性，他认为不必光明良知，良知是无善无恶的，只要按良知去做就是了。

如你所知，这种"现成良知"的思想很容易被那些愚夫愚妇接受，因为不必刻苦修行和苦心思辨就能得到真理。所以王艮的弟子都是社会下层人士，上层人士很少信奉他。实际上，我们前面提到过，王阳明在江西的很多徒子徒孙都是贩夫走卒，王艮只不过是登峰造极而已。

王艮把心学思想全力地向社会下层传播，声称"百姓日用即是道"，无论他是有意还是无意都产生了下面的影响：中国古代，知识、思想是牢牢控制在知识分子手中的，知识和思想就是他们身份和展现权威的武器。可王艮把思想传播到下层人士手中，这一武器就从知识分子手中滑到了普通大众手里。知识分子，尤其是在官场中的士大夫们当然七窍生烟，攻击和围剿王阳明心学势所难免。另外，王艮的心学思想激进到这一步，一个社会问题注定要产生。比如，一个社会闲散人员如果听过王艮的这套言论，他就会自信心大增，认为自己是不世出的人物。但没有平台给他施展"民胞物与"，可他觉得自己的良知告诉他，自己可以创造平台，于是，他想到了造反。

本来，作为国家意识形态的朱熹理学在道德教化上有着举足轻重的作用，它在国家的支持下建立了一系列道德法规，旨在让人安分守己，不要做刁民。可王艮的思想告诉人们，外在的一切规矩和法律都是扯淡，真正的规矩在我们心中。所以，你想到什么就去做，只要是你良知认为对的，就是你良知的旨意，那就符合天理。

这是一种侠客的"快意恩仇"，是一种最容易被统治者厌恶的"我行我素"，王艮开了这一先河，近一个世纪里，王阳明心学左派的门徒如滚雪球般增长，其中多有徒手能缚龙蛇之辈。这恐怕是王阳明永远都不曾想到的。

王艮之后的王阳明心学左派门徒们变本加厉地升级"现成良知"。王栋是王艮的堂弟，继承了家传绝学，王艮的儿子王襞，颇有乃父遗风，二人在继承和发展王艮思想方面起了相当重要的作用。那个曾在王阳明去广西剿匪的路上从贵州长途跋涉来见王阳明的徐樾，王阳明去世后，跟随王艮修行，对王艮的思想忠贞不贰。王艮曾对老婆说："那五个儿子（王艮的五个儿子）是你生的，这个（徐樾）是我生的。"这说明徐樾得到了王艮的真传。

徐樾的弟子颜钧是个轰轰烈烈的传道者。颜钧完全符合王艮提倡的圣人标志：狂傲不羁，我行我素，不管不顾。他曾在家乡聚集全族人口，向他们传授王艮心学，把家族的人心搞得颠倒沸腾。后来他跑到南昌，对正在准备进行乡试的士子们大谈王艮心学，他指出，天下国家是末，身才是本。所以他劝告那些读书人，不要把天下国家看得那么重，人生在世最应该重视的就是自己。他还说，百姓受苦受难，就是因为有些心存不良的人搞的，这些人当然指的是帝国的皇帝和政府官员。他对士子们说，朱熹理学束缚天赋予我们的人性和权力，应该把它扫进垃圾里，那些礼制只能把人变成木偶，不能让人成为真正的人。至于皇帝和其政府，颜钧大呼：你们不能什么都管，让百姓自己管理自己，你们越管就会越乱。

颜钧这种激进的思想，即使是智商最低的统治者也不爱听，所以，政府注意上了他。但当时掌管政府的人是信奉王阳明心学的徐阶，徐阶对颜钧的思想大为称赞，还曾两次邀请他到北京讲学。

颜钧不仅是个思想家，和王阳明一样，他还是个军事家。正如后来梁启超说的那样，言心学者必能成大事。1556年，正在浙江对付倭寇的总督胡宗宪邀请他到前线，颜钧欣然前往。不久，颜钧担任一支剿匪部队的指挥官，在舟山之役中杀死一千多名倭寇，创造了当时中国军队消灭倭寇数量的最高纪录。

十年后，颜钧已成为王阳明心学左派最光辉的人物，他的言论风行天下，已势不可挡。政府终于决心对付他。一个在南京主管教育的叫耿定向的人假装派人去请他到安徽马鞍山讲学，颜钧带上干粮就上路，想不到他在马鞍山才讲学一天，就被逮捕。

在南京监狱，他受到严刑拷打，要他承认自己有大逆行为，颜钧拒不承认，但他还是被关押起来，直到三年后，才在众弟子用钱财的营救下被释放。才出狱，颜钧就跑到当时两广总兵俞大猷帐下担任军师。五个月后，俞大猷用他的计策在海上把倭寇打得屁滚尿流。后来俞大猷又在广西古田剿匪，颜钧屡出奇计，俞大猷第一次感觉剿匪原来这么容易。

在军营，曾有人问颜钧："你一介书生，怎么会有这么多军事奇计，从何而来？"

颜钧回答："王阳明也是书生，创建的功勋光照日月。我的奇计全从良知而来。"

颜钧94岁临终时，给他的弟子们留下遗言：凭良知去做事，不要怕。

颜钧的弟子罗汝芳更是个传奇人物，据说他年轻时刻苦攻读朱熹理学，无论如何都搞不通，最后病倒在床，家里请了无数名医，都无法使他痊愈。后来他老爹给了他一本《传习录》，结果他看了几页，马上生龙活虎。但他已不可能去向死了的王阳明学习，只好寻找王阳明心学的真正传人，于是他找到了颜钧。

颜钧把自己对王阳明心学的认识告诉他：人的天赋道德观念是永生不灭的，人只要发扬这种道德观念就可以了。所以，人们的道德修养根本不必从"去人欲"入手，这就是致良知。

罗汝芳听后，欢喜得手舞足蹈，在长期的修行和参悟中，他渐渐得出了自己的心学思想：人的目视、耳听、饮茶、吃饭、早起、夜寐、相对、问答，以至于眼珠的转动、肌肤的痛感，无一不是"良知"的作用和表现。由于人人都有良知，只要具备了一个肉体的形躯，就有了做圣人的条件。不用学不用虑，就可以造就"良知良能"。

这也就是说，朱熹规定的，甚至是王阳明规定那些"省、察、克、治"的"去人欲"的手法实属多余，再向大了说，朝廷那些控制人思想和行为的一些毫无人性的法律也是多余的，甚至大错特错，应该取消。

罗汝芳鼓吹这些思想时，恰好是张居正初当首辅准备进行改革之时。显然，罗汝芳的思想不适合张居正的改革大业，自然触怒了张居正，他被迫辞官归里。张居正虽然能让罗汝芳闭嘴，却不能让王阳明心学左派消失。几十年的时间里，王阳明心学左派在王艮门徒和其传人矢志不移的努力下，于社会上掀起了一股汹涌的洪流，尤其是社会底层人士，每个人都在追求自尊，挑战权威，向往自由。由此引起了被称为"阳明学洪流""心学横流"的现象。这种现象到了心学左派门徒何心隐和李贽时，更成惊涛骇浪，神鬼皆惊。

二、光辉的断头台——何心隐

何心隐本不叫何心隐，而叫梁汝元，江西吉安人。何心隐早慧，十几岁就把儒释道三家经典烂熟于胸。然而他不肯专注八股文，所以直到三十岁才中乡试。也就是在这一年，他和颜钧见面，二人促膝相谈，何心隐扔掉朱熹理学，虔诚修行王阳明心学。此后的十二年里，何心隐在家乡践履心学思想，成为名震一方的心学大师。他最有力地实践心学的一件事就是在家乡组织了集约合作化的共同体"聚合堂"。这是一个王阳明心学的理想世界，王阳明只把它停留在《拔本塞源论》中，王艮、颜钧都是如此，只有何心隐把它落到了实处。

实际上，"聚合堂"是一个社会改造计划。政治上，何心隐把分散从事经营生产的小农户组合起来，由"聚合堂"出面统一与地方政府打交道、交纳赋税钱粮，统一协调对付各级官员剥削农民的种种不法行为，统一保护农民的集体利益。经济上，何心隐在"聚合堂"中设立征粮、催粮、管粮、分粮的管理干部，实行精细分工、严密组织、公平分配的管理制度，这是一个惊雷，因为他把千百年来分散的个体小农经济第一次通过合作化的方式组织了起来，初步实现了农村的合作化生产经营模式。教育上，何心隐主张人人平等，无论你是穷人还是贵族，都有享受教育的权利，他创办学院，集中所有的学生食宿在校，搞军事化管理。课程的设置可谓五花八门，除了王阳明心学，还有农业、经济、原始物理、原始化学，甚至是烹饪。经过一系列的改造，何心隐把他的家乡变成了一个"人人平等"的乐园。

依何心隐的见解，"聚合堂"不过是对农村改造、改革、改良的试验室，可君主专制的明帝国政府注意到，即使生活在今天的我们也能注意到，"聚合堂"正在搞自治。"自治"就是分裂，就是要独立自主，就是要游离到政府之外，不承认政府的存在，这是任何一个独裁者都不允许的。

首先，是地方官找麻烦，加重赋税。何心隐不可能和官府明目张胆地对抗，虽然他有一张能把死人说活的嘴，也有心学的强大力量作为心理支撑，但在拥有权力的政府面前，他只能认栽。其次，是地方乡绅的反对，如果人人都平等，人人都能享受教育，那乡绅在地方的影响力就会大打折扣，他们千方百计阻挠何心隐乐园的前进。最后的结果则是，在各方势力的围剿下，何心隐的财政发生困难，"聚合堂"在敲锣打鼓中开张，很快就偃旗息鼓了。

这一剧烈的打击并未让何心隐心灰意懒，相反，困难和逆境让他快速地成长。他谨遵王阳明早期提倡的"知行合一",把心学思想毫无保留地投入现实中去。

42岁时,何心隐家乡的地方官强征"皇木"税,何心隐认为地方官是在滥收税,于是写信不阴不阳地臭骂了地方官一顿。地方官暴跳如雷,把何心隐捉到监狱,准备判他一个无期徒刑,幸好他一位同道认识当时在浙江大权在握的总督胡宗宪。在胡宗宪的帮助下,何心隐才重见青天。

在政府官员们的认识中,何心隐独来独往,我行我素,永不安分。政府说"是",他绝对说"非";政府说"非",他肯定说"是"。他在家乡受到严厉的监视,行动受阻,出狱两年后,他北上到达北京。

在北京,他以心学家的身份受到了北京底层民众的热烈欢迎。有那么一段时间,在心学信奉者御史耿定向的帮助下,何心隐讲学、著书、辩论,忙了个四脚朝天。就在这万般忙碌中,有一天他见到了未来的首辅、手腕强硬的张居正。当时张居正正在国立大学(国子监)担任二把手,没有政治权力,却有文化权力。

那天二人相会的情况是这样的:何心隐正在耿定向家和其聊天,忽然张居正来了。何心隐马上躲了起来。张居正早就听说大名鼎鼎的何心隐在这里,于是要求见一面。耿定向按何心隐的叮嘱说何心隐病了,不能见客。张居正走后,耿定向问何心隐,为何不肯见他?

何心隐神秘地说:"这个人将来会掌握天下权柄。"

耿定向半信半疑,说:"如果真是如此,你更应该见他,如果能和他搭上关系,将来王阳明心学可能会成为显学。"

何心隐叹息道:"严嵩(当时的首辅)想消灭道学而办不到,徐阶(大学士)想扶持道学也不成,能兴灭道学的只有这个人。你记住:

这个人一定会杀我!"

耿定向仍然不太相信,因为他不太了解何心隐,正如他不了解张居正一样。

张居正在那时就已抱定了一有机会必要对国家实行改革的决心。但他的改革手法是自上而下的,通过掌握国家权力对体制进行改革。而何心隐的改革思路则是从下到上,也就是说,先从普通民众的觉醒、自治、独立、自主开始。二人都想把国家拉到繁荣富强的轨道上,可在张居正看来,何心隐的思路大逆不道,从底层开始的改革即使侥幸成功,江山社稷也必会受到动摇,因为底层一旦成功了,力量就会壮大,动摇上层是水到渠成的事。

何心隐说张居正将来必杀他,不仅仅是杀他本人,还要杀掉蛊惑人心的王阳明心学。

这件事告诉我们,何心隐和张居正没有见面。而另外一个故事则告诉我们,两人见面了,而且有一段充满杀机的对话。

何心隐问张居正:"您可知道王阳明心学吗?"

张居正点头说:"知道一点,本来是好东西,却被一些烂人给弄坏了。"

何心隐说:"恐怕是被一些顽梗分子给误解了。"

张居正阴冷地看向何心隐说:"你们总想着要飞起来,我看你们永远都飞不起来!"("尔时时欲飞,欲飞不起也!")

何心隐方寸乱了,后来他对耿定向说:"张居正这小子肯定要杀我。"

"尔时时欲飞"大概是心学家们给张居正的深刻印象,这些人总是一副救世主的模样上蹿下跳,永不安分。

张居正对那些心学家何以有这样的印象?黄宗羲的分析一针见

血：心学家们坐在利欲胶漆盆中，时常向人推销"人人平等"的思想，所以能获取民心；心学家们大多是聪明极致的人，是出色的实用心理学家，而且王阳明心学本身就是让人顿时可以"明心见性"的学说，经过他们些许的努力，就会获得很多人的亲睐；尤其重要的是，心学家们永不言败，认准了目标矢志不移，从没有一时一刻"放下"的时候；最后，王阳明心学本身就有打破传统、挑战权威的思想。黄宗羲说，这些人随时会把传统和政府尊崇的圣人与礼仪掀翻在地，从不客气，从不愧疚。

何心隐和张居正见面后的第二年，又做了件让人瞠目结舌的事，即谋划除去严嵩。

严嵩当时以内阁首辅的身份臭名远扬，何心隐和耿定向一直想把他除掉。耿定向认为应该联合政府官员们的力量共同对严嵩进行弹劾，何心隐冷笑，说耿定向对王阳明心学的造诣太浅。他说："你那种办法是以卵击石，事倍功半。当今天下谁不知严嵩最受皇帝宠爱？向皇帝控诉严嵩和向老虎申诉小老虎的恶迹有什么区别？"耿定向问何心隐有何妙计，何心隐说："不能靠常规方法，该用阴招时就必须要用。王阳明在江西剿匪全用阴谋，何曾用过阳谋？"

何心隐的阴招就是积极拉拢朱厚熜最信任的道士蓝道行，并且获得成功。有一天，何心隐得知严嵩有奏疏奉上，立即让蓝道行在朱厚熜面前占卜，得了一卦：今日当有一奸臣言事。

朱厚熜正在纳闷，严嵩乐颠颠地来了，说有事上告。朱厚熜为此开始警觉严嵩，据说，正是因此，严嵩后来迅速垮台。

不过那是以后的事，当严嵩得知自己中了何心隐的奸计后，马上准备对何心隐下手。何心隐没有力量和严嵩对抗，于是将梁汝元的本名改为何心隐，逃之夭夭。

王阳明心学训导出的心学家大多有何心隐的特质：从不与对手正面对抗，也从不做不必要的牺牲。一切在良知的指引下，该出手就出手，该逃跑就逃跑。

何心隐后来的岁月可谓东跑西颠，李贽后来评价他"独来独往"大概是迫不得已。他在福建大概待了十年，直到严嵩垮台后，他的危机才有所缓和，跑到重庆做了重庆知府程学博的参谋。前面我们说过，心学家大多是出色的军事家，何心隐发挥了这一长处，在他的帮助下，程学博把重庆的白莲教起义轻而易举地镇压了下去。史书说，何心隐每出奇计，计计得逞，白莲教徒众成了何心隐手中的木偶。

心学家何心隐的军事才能并未仅仅体现在重庆，他在流亡福建的十年中，曾到当地少数民族地区传授神乎其神的军事常识，后来，这些少数民族兵团靠着何心隐的军事思想和政府作对，搞得政府头痛不已。

1573年，朱翊钧（明神宗）继位，张居正独揽大权，发动改革。改革的其中一条则是毁掉天下书院，何心隐气得七窍生烟，宣称要极尽所有手段把张居正搞掉。张居正也大发雷霆，把"妖人""逆犯""盗犯""奸犯"的帽子统统扣到了何心隐的脑袋上，命令各地政府全力缉拿他。何心隐没有别的办法，只好东躲西藏。

1579年，62岁的何心隐被捕，在被逮捕他的地方官处决之前，何心隐说："就凭你能杀得了我吗？杀我的不是你，而是某人。"

这个"某人"就是张居正。

何心隐在武昌被处决时，武昌底层人民号啕大哭，对何心隐所受到的不公正待遇悲痛不已，这足以说明，心学家在当时有多得人心。

何心隐对王阳明心学左派理论上并没有突破性的贡献，与其称他为心学理论家，不如称他为心学实践家。终其一生，他始终在努力实践心学思想勾画出的理想蓝图，屡败屡战，直到最后彻底失败。

他对心学的实践更能让社会底层快速而彻底地觉醒，他反对君主专制，认为人们应该拥有自己的自由空间，他反对政府打着为民谋福利的幌子横征暴敛，他认为应该在地方，尤其是行政单位最小的乡村实行完全的自治，让所有人都受到最完美的教育（这个教育当然是心学教育）。显然，这在君主独裁国家必然行不通。所以，何心隐心学的处境非常尴尬：他口口声声宣传的世界上最美好的心学却没有实践的机会！

和大多数心学家一样，何心隐同样强调作为单个人的重要性。他说，人是天地的心，如果一个人不能支配自己，那天地就不存在。天地不存在，天下国家从何而来？所以，想要天下国家在正轨上，首先要做的就是每个人可以支配自己。但这在明代，几乎是痴心妄想。

何心隐之后的王阳明心学左派宗师级人物除了李贽，还有一个人必须要说。此人就是焦竑，中国历史上少有的全才人物。焦竑是出色的史学家、金石文字学家、考据学家、文献目录学家、印刷出版家、哲学家、佛学家，其最引人注目的就是藏书，他的家就是个中型图书馆，几乎在国家图书馆找不到的书，在他这里总能如愿以偿。

焦竑师从何心隐，不过何心隐并未在理论上为心学做出贡献，所以焦竑也只是学到了心学"挑战权威"的精髓。他最有名的一句话就是："学道者当扫尽古人刍狗（刍狗指木偶，暗指那些被理学家所恭维的死圣人），从自己胸中辟出一片天地。"

焦竑大概是才华横溢到极致的缘故，所以想引佛入儒，把王阳明心学左派变成彻底的禅宗。虽然这件事已被他们的鼻祖王汝中在理论上完成了，可很多心学家还是认为王阳明心学是儒学，而不是佛学。焦竑不得不失败，后来，他大致对王阳明心学左派思想做了一个总结，这个总结是王阳明心学左派的思想主旨。

第一，现成良知："致良知"不是应当实现的未来的课题，而是现实具备于自己心中原理的实行，也就是说，人人都不必去向内致良知，只向外发散良知，而且这种发散不是你有意为之，而是良知的自我运行。

第二，"四无"说：心的本体是无善无恶，心的活动也是无善无恶的。

第三，"童心"说：所有人都具备了赤子之心，这一赤子之心是天理至纯的典型。

第四，"满街圣人"：所有人都原封不动地是圣人。

第五，摆脱思想束缚：轻视经书和圣人，将客观的社会性课题直接作为主观的自己内心的课题。一切外在规范的评判标注都在我心上，我心就是上帝，我自然就是上帝。

如果把这些思想和王阳明心学思想相对照，则会发现，二者恐怕没有本质上的不同。王阳明虽然没有说"现成良知"，可他始终承认人人的确有良知，一些人看上去没有良知，只是因为他们不能知行合一。至于"四无说"，王阳明没有否认过。而童心说，则是王阳明经常提到的人应该拥有一颗赤子之心。赤子之心就是童心，心学家并不是让你像小孩子那样不懂事，而是希望你应该像孩子那样什么私欲都不想，长此以往，就能锻造出良知的威力。

至于"满街圣人"说，在王阳明的《传习录》中有此论述。而摆脱思想束缚，是王阳明一直提倡的，不要被任何的经典和圣人吓倒，一个人如果成为思想和圣人的奴隶，那就不可能独立自主，拥有自尊。

焦竑不过是王阳明心学左派的一个帐幕，拉起它，是为了帐幕后的顶级光辉人物——李贽。

三、心学巨子李贽

王阳明"天泉证道"的1527年,李贽在福建泉州出生。这位多年以后的心学巨子从一出生就注定了他的前途。

李贽曾有段自我评价,非常真实:"我从小性格倔强,难以驯化。不信道家学说,不信儒家学说,不信神仙鬼怪,讨厌道士,特别讨厌的是只知一心读八股文、考科举的书呆子。"他甚至是咬牙切齿道:"平生最不爱被人管。"

李贽的传记作者指出,李贽是个性格急躁,不讲情面,常常当面指责别人过错的人。而且直率任性,说话办事不计后果。他不是个随和的人,喜欢争辩。但这种争辩只是和特别投机的朋友,对于他不喜欢的人,他连一句话都不肯说。

李贽小时候的性格就异常叛逆,喜欢标新立异,有这样一件事可作证明。

《论语》中,孔子的学生樊迟问孔子如何种菜种粮。孔子回答:"种粮,我不如粮农;种菜,我不如菜农。"孔子后来对人说:"樊迟真是个小人。"

李贽的父亲要他以此主题写一篇文章。李贽这样写道:"樊迟问孔子怎样种粮种菜,孔子不能回答,说自己在这方面不如农民。而孔子之所以要在背后骂樊迟为'小人',就是因为樊迟明知孔子对种粮种菜一窍不通,还要提问,孔老头大跌面子,怎能容忍?"

这种议论简直是惊天之语,自孔子被尊为圣人后,没有人敢说孔子的坏话,而李贽把孔子说成了一个虚荣心十足的老头,这种胆量和这种分析能力在那个时代实在是少有。

由此可知,他后来成为道学家们眼中十恶不赦的"异端",也就不足为奇了。

李贽能有后来的名声,全拜劫难所赐。26岁时,他参加乡试。别人都对这件事诚惶诚恐,兢兢业业地学习,而他则报以玩世不恭的态度。临考前,才找来前辈们做的八股文几十篇,背诵一遍,后来居然过关。李贽仰天狂笑:"这就是游戏,东拼西凑就能过关,看来,那些考官对圣学也是狗屁不通。"

按理,李贽中乡试后应该到北京参加会试。可他没有去,理由是北京太远。他只想在老家附近找个小官做,可他的性格使他处处碰壁。直到三年后,他才被任命为河南共城县的儒学教师。这是个尴尬的职务,地位低,收入少,只能维持自己不被饿死。

在河南共城做了三年儒学教师后,李贽又获得了另外一个职务:南京国子监教官。正当他要贡献能力时,他的父亲去世,按儒家传统,他必须回家守孝。1562年,36岁的李贽守孝完毕,全家搬迁到北京,希望能在北京找到晋身的阶梯。遗憾的是,在北京谋一份官职更难,而且李贽的性格又要求他不许主动求人,所以他只好以开馆教学为生。1565年,李贽获得了北京国子监教官的职务,他还没有来得及庆祝,二儿子就夭折,任职三个月后,祖父又去世,李贽不得不离开北京,回家守孝。

到此为止,李贽的运气太差了,但离尽头还远着呢。

他回家没有太多的钱埋葬祖父和之前死掉的父亲,还有停棺多年的曾祖父。他只好把妻子和三个女儿留在共城,买了一块地,让她们维持生计。而一年后,河南大旱,他的两个女儿没有撑下去,活活饿死。三年后,李贽从老家回到共城,只见到了精神已不大正常的妻子和唯一的骨瘦如柴的女儿。李贽悲恸万分,要死要活。

他不相信命运对他如此不公,1566年他回到北京,被分派到礼部担任小官职，这也是个只能吃饱肚子的工作。1571年，他又被调到南京刑部担任下级官员，这仍然是个只能吃饱肚子的工作。这一年，李贽已经44岁，几乎很少有人像他命运多舛到这个地步。在南京刑部工作的六年后，李贽的春天看似来了。张居正推行改革，破格用人，李贽很赞同张居正的改革方案，于是被任命为云南姚安知府。可是这迟来的春天已经温暖不了李贽多年来坎坷冷冻的心，勉强任职三年后，李贽挥一挥衣袖，离开姚安，来到了他朋友耿定理家中。耿定理的兄弟正是那位用诡计捉拿颜钧的耿定向，这位忠实的朱熹理学卫道士当然不会允许兄弟引狼入室。李贽当时虽然没有彻底地成为心学门徒，但他的种种思想已和王阳明心学的提倡不谋而合。耿定理是心学家，当然和李贽谈得来，而且还让李贽做了家族少年们的老师。可耿定理不久就去世了，耿定向驱逐了李贽，理由是怕他教坏了小孩。

李贽留下一封信，强烈反驳耿定向。李贽说，他教不坏小孩，教坏小孩的是现行教育。耿定向懒得理他，李贽放眼四望，已没有地方可以容身，除了老家。

1585年，李贽回到泉州老家，他的家族所有人都询问他的成就。如你所知，李贽拿不出来。他越是不回答，家族的追问就越激烈。他的妻子得了精神病，每天都折磨他，李贽一气之下，跑到湖北省东北部的麻城，住进了他朋友主持的维摩庵。李贽和家人彻底决裂，三年后，他和尘世决裂：到麻城三十里的龙潭芝佛院落发为僧。这一年，李贽62岁，身体虽然衰老，但心却依然年轻。他开始参悟王阳明心学，并且心有灵犀地一看就懂，他的"异类"和"异端"形象逐渐树立起来了。

李贽先在举止上疯狂：他经常下馆子吃肉喝酒，每次都把自己喝得醉醺醺，满脸通红，连光光的头皮也泛着红光，走在街上摇摇晃晃，嘴里时常说出疯疯癫癫的酒话。他声名大振，很多人慕名而来向他请教道学。在这时，李贽就故意把眉头一皱，袖子一甩，训斥道："大好时光，在这里读死书，还不如找几个歌女、喝点小酒、唱个小曲有意思！"几个调皮的读书人就真的找来几个歌女，李贽大笑，称赞道："这样好！这样好！比和道学（理学）先生在一起强多了！"

举止上的疯狂只是骨肉，必须要有灵魂作伴，这个灵魂就是李贽在思想上的"大逆不道"。

道学家们说："天不生仲尼（孔子），万古如长夜。"

李贽说："我呸！难道孔子没有出世之前，人们一天到晚点着蜡烛走路？"

道学家们还说："孔子乃万世师表。"

李贽说："我还呸！一个人来到人间，自有他发挥作用的地方，不可能等着从孔子那里得到传授，然后才有谋生的本领。假如一定要等着从孔子那里学得点什么才能生存，那么，孔子没有降生之前的几千年，人们就不过日子了吗？"

我们今天来看这两个反驳，不足为奇。但在明代，这可是极端的思想反动。孔子是所有读书人心目中的上帝，即使是皇帝，也要对孔子毕恭毕敬。道学家们说，凡是孔子说的都是对的，凡是说孔子不对的都是异端。孔子的是非就是我们每个人的是非，可李贽怀疑孔子，不以孔子之是非为是非，这是王阳明心学中典型的"轻视权威"思想，"心即理"的直观展现。李贽对这个国家崇拜孔子有自己的独到见解，他说："我从小就读孔子的书，却不了解儒家学说。从小尊崇孔子却也不知道他为什么值得尊敬。我觉得自己像一个站在人丛中看戏的小矮人，除了前面人的后背，什么都看不见。人家说戏唱得好，我也跟着说好，随声附和。在未学王阳明心学前，我就像一条哈巴狗。

前面狗看见生人叫起来,后面的狗听见叫声也跟着叫,其实连半个人影也没有看见。"

李贽的意思是说,那些尊崇孔子的人只是人丛中的"矮子",是"哈巴狗"。他说,他决定不再做哈巴狗,而做一个人,一个完全按内心良知去做事的人。

对于孔子,李贽颇多微词。他说:"《论语》记载孔子吃东西非常挑剔,颜色不好的不吃,味道不香的不吃,做得不好不吃,菜不新鲜不吃。这种人,简直就是矫情,哪里有圣人的一点模样?"

对于《论语》中记载的孔子对一位老者又打又骂"老而不死是为贼"的情景,李贽戏谑道:"孔子真是大慈大悲。"

我们由此可以看出,在李贽的思想中,根本就没有什么圣人:尧、舜和路人甲是一样的,因为王阳明说过,我们拥有良知的心是评价一切客观事物的最后依据,所以,李贽说,世界上根本就不存在什么圣人,如果真有圣人,那大家都是圣人,如果没有,那大家全是俗人。

李贽的第二个"大逆不道"就是肯定正当的人欲,反对理学家们虚伪的禁欲主义。他把天理和百姓的生活紧密地联系在一起,他说:"穿衣吃饭,就是人伦物理;除了穿衣吃饭,还有什么人伦物理?世上一切都是衣和饭而已,所以只要是与衣和饭有关的,就是天理。一切与衣和饭没有关系的,就不是天理。"

理学家说要灭掉人的私心,彰显公心。李贽反驳说:"私心就是人心。人必有私,而后才能见心。如果没有私心,那就没有心了。比如种地的,肯定有个秋天收获的私心,才肯下功夫努力种田。读书人肯定有个进取的私心,然后才肯下功夫学习。所以说,你要是不给别人报酬,没有人会为你工作。那些血战沙场的将士必有封爵的心,才肯奋力杀敌。"李贽重点指出,大家都说孔子是圣人,其实孔子私心更重，他为什么那么卖力地推销自己的思想，还不是因为有"沽名钓誉"的私心？

这种把人的行为动力归根到个人利益、个人欲望的行为，恰好和理学家们提出的"人必须要忽视个人利益，祛除欲望"的思想针锋相对，李贽可谓是吃了熊心豹子胆。

在那些礼教维护者看来，李贽对圣人的怀疑和对他们的攻击只是隔靴搔痒，但李贽第三个"大逆不道"的行径就让他们无法忍受了，这就是李贽对道学家们的直接攻击。

他说："道学家全是伪君子。当有利可图时，他们就说，为天地立心，为万民请命，削尖脑袋向上爬；当国家和民族遭遇危机时，他们躲藏起来说，圣人教导我们要明哲保身。"李贽评价说："这些家伙可真是机灵鬼。"

对于这些机灵鬼，李贽有着超绝的看法：他们为什么要学理学呢？很简单，因为他们要靠理学发家致富。很多人不学理学而能发家致富，是因为他们有才华。而理学家一点才华都没有，所以必须要学习理学，理学是国家意识形态，所以谁学了它谁就容易获取荣华富贵。他们只是把理学当成发家致富的踏脚板，一旦得偿所愿，就不可能再深究，于是，我们见到的很多理学家都是无能之辈。平居无事，只知道打躬作揖，终日正襟危坐，和泥塑差不多，以为杂念不起，超凡入圣。可一旦有警，则面面相觑，绝无人色，甚至互相推诿，以为是明哲保身。国家所以总是缺乏人才，就是因为这样的人充斥着政府。理学家们不但能力差劲，道德素质也成问题。所以李贽说，这些家伙是满口仁义道德，肚里却是男盗女娼。

李贽最引人注目的"大逆不道"应该是对儒家规定的五伦（君臣、父子、兄弟、夫妇、朋友）的颠倒，他说，只有朋友伦理才是真伦理，其他都是扯淡。李贽一生中朋友很少，但都是知心朋友，他一生颠沛流离，都是朋友帮他渡过的难关，这大概是他的感同身受。李贽一生仕途波折，所以没有君臣伦理的概念，他父亲、祖父、曾祖父的去世为他增添了仕途的阻碍（他要回家守孝）和金钱（他要花钱）上的麻烦，所以很厌恶父子伦理。至于兄弟和夫妇，更为李贽所反对。他质问，做弟弟的凭什么就要对哥哥毕恭毕敬，做妻子的凭什么就要对丈夫举案齐眉？所以他认为，五伦中只有"朋友"的诚信之理才是真正的伦理。

李贽似乎和道学有不共戴天之仇，道学赞同的他必然反对，而道学反对的他肯定赞同。秦始皇在儒家知识分子那里从来就没有好印象，李贽却称秦始皇为"千古一帝"；司马相如和卓文君私奔被理学家称为淫荡之举，李贽却说，司马相如和卓文君都是善择佳偶的人，应该赞颂；理学家说武则天是个恶女人，李贽却说，武则天有爱人才之心，是千古帝王群中难得的一位，尤其她还是个女人，就更可贵了；陈胜是个造反家，李贽却说他是千古第一人。

恐怕只有一种主张，李贽才和士大夫们极不情愿地站在了一起，那就是对民变的看法。李贽认为，民变就是百姓良知丧失的后果，所以对于民变，李贽深恶痛绝。

但在这一点上，李贽又是矛盾的。这从他评点《水浒传》上就能看得出来。一方面，他赞赏宋江投降后征讨方腊的大义，可另一方面，他对一百单八条好汉又倾注了浓重的感情。他认为，官逼民反，民如果还不反，那也是良知丧失的标志。也就是说，他认可农民的造反，正如他认可陈胜造反一样，可有个前提，必须是官逼了，民才反。

理学家们只记住了他认可《水浒传》中的造反，却刻意忘记了他对现实中民变的攻击，因为所有的理学家都知道，如果不铲除这个

"异端"，那他们就对不起天上的圣人们。

1602年，礼部的一位官员向当时的万历皇帝朱翊钧控诉李贽，首先是他大逆不道的言论，然后就是李贽不检点的私生活。据这位官员说，李贽在寺庙中招收女弟子，经常和这些女弟子裸泳。

李贽有女弟子不假，可真不至于达到裸泳的地步。朱翊钧暴怒，下令缉拿李贽。李贽意料之中地被捕，下锦衣卫狱。审讯官要他交代大逆不道的罪行。李贽冷笑道："我写的书很多，而且在民间流传，这些书的内容对国家，对真正的儒教有益无损，你们可去查。"

审讯官也冷笑，说："和尚，你还不知你已大难临头？"

李贽望着阴森森的监狱，笑了笑，说："今年不死，明年不死，年年等死。"

审讯官发现了他的顽固，以后就拒绝审问了。而李贽在监狱中有足够的时间开始思考他的"天下第一好死"。

在狱中三月后的某一天，李贽要守卫给他拿来剃刀，他要剃头。剃刀拿来，李贽趁看守不防备，一把夺过其手中的剃刀，用尽浑身力气向喉管上切了进去，然后猛地拔出，一股鲜血喷射而出，黑暗的监狱中出现一道鲜红的彩虹。

李贽倚着墙慢慢地坐了下去，鲜血染红了他的前胸，开始向牢房的低洼处缓缓地流淌。看守目瞪口呆许久才反应过来，要跑出去找医生，李贽拉住他，艰难地摇了摇头。

看守小声问："和尚，痛不痛？"

李贽用手指蘸血写了两个字："不痛。"

看守再问："为何要自杀？"

李贽再蘸血艰难地写道："七十老翁何所求？"

此后，牢房里再无声息，只有血水在地上流淌。李贽去世，享年

75岁。

李贽的去世，使生机勃勃的王阳明心学左派戛然而止。李贽之后虽有"东林党"党徒信奉心学，但在李贽和他前辈们创造的辉煌面前，微若萤火，不值一提。我们注意到一个很明显的事实：自王阳明去世后，心学左派从迅速崛起到李贽之死的销声匿迹，明王朝对心学左派的态度并不强硬。心学左派唯一遭受的打击就是张居正废天下书院，但随着张居正的去世，书院重开，左派心学家们重新回归。何心隐的死和李贽的死只是政府处理的个案，政府从来未对心学左派进行过全面打击。

李贽是把王阳明心学推到极致的第一人，也是最后一人。他对当时的道学家掌管天下思想的肮脏丑态进行了激烈的批驳，他希望国家和政府应该像大海一样"不留死尸"，像龙门一样"不点破额"（皆为裁汰冗员之意），如此，才能"一代比一代高"。王阳明在发现个人价值时主张"我"时还有些扭扭捏捏，但李贽主张"我"时就是毫无顾忌的赤裸裸，他就是上帝，就是人类的最终裁判，"颠倒了千万世之是非"。

李贽让平民阶层觉醒的速度加快，质量提高，甚至影响到了高级知识分子阶层。最被我们所知的明末"东林党"已过分地强调自己，而和国家针锋相对。这正是心学左派的思想：身为本，天下国家为末。万历中期的首辅王锡爵曾质问过东林党领导人顾宪成："为什么朝廷说是，民间（在野的东林党）就必说非。"顾宪成反问："为什么民间说是，朝廷就必说非？"

朝廷和民间在思想上已形成尖锐的对立，明王朝的覆亡指日可待了。

从王阳明去世的1529年到李贽去世的1602年，73年时间是王阳明心学左派的璀璨时代，之后，随着明王朝的灭亡，清政府统治中国，王阳明心学被彻底扫荡和镇压，从此销声匿迹了好久好久。

然而，人人都知道，王阳明心学思想是压制不住的，它必然卷土重来。

四、心学在清朝

1644年，清王朝继承了明王朝的遗产，统治中国。有些人在总结明朝灭亡的教训时发现，明政府在统一思想上做得很差劲，对百姓的思想控制太宽松。所以明朝后期层出不穷的民变，除了天灾，一个最重要的原因就是，王阳明心学的泛滥，也就是心学洪流让底层民众过分觉醒，让他们有理由去争取独立和平等。清朝统治者认为，王阳明心学是洪水猛兽，必须严厉禁止；朱熹理学最适合治国，必须高调提倡。

当然，清朝统治者们禁止的是王阳明心学左派，对于已经趋向于朱熹理学的右派，他们不太禁止，但也不支持。这似乎给了王阳明心学满血复活的机会，一批心学大师站到了清朝思想圣坛上。他们是孙奇逢、李颙、毛奇龄。确切地说，他们是王阳明心学的修正主义者。

孙奇逢在明帝国就是名声大振的人物，他曾营救过被权监魏忠贤陷害的忠义之士，也曾带领全族抵抗过清军，明亡后，他带领弟子隐居深山，讲学不辍。清政府多次请他出山，都被他以"逃跑"的形式拒绝，后来在河南辉县的苏门山终老，他活得几乎过了头，享年92岁。

孙奇逢原本是王阳明心学忠实门徒，认为"天理"两个字是自己体贴出来的，不是那些好为人师的人制定出来的。他说，王阳明的"良知"说，是王阳明自得而来，和孟子的良知无关。他认为王阳明提出的"心即理"很有道理，不过，王阳明心学中禅的成分太大，导致了心学左派的洪流在民间沸腾，人人都能成为圣人，人人就都可以自以为是，我行我素。而在庙堂上，心学左派产生的畸形"东林党"，往往空谈，意气用事，才导致了国家的覆灭。他认为这样很不好，于是倾向于朱熹理学的"慎独"，也就是说，还是需要通过外在的种种规矩来修行才可以真切地体贴到"良知"的效用。

不过，虽然用朱熹理学来矫正王阳明心学，可孙奇逢还是坚持王阳明心学中的"知行合一"。他说，必须要付诸实践，从眼前一言一行做起，不要浪费掉一天甚至一时。

我们都知道，王阳明提倡"知行合一"的根本目的是让人矫正自己的意识，孙奇逢提"知行合一"就特别重视"行"，这是王阳明心学的一个悄悄的转变：王阳明心学变成了崇实经世的思想。

这其实也是王阳明最大的心愿，心学本来就是要拿来用的，而不是用来讲的。孙奇逢被后人称为学术界的"泰山北斗"，可能正是他把王阳明心学和朱熹理学做了调和，虽然成绩微小，但他毕竟做了努力，而且开了修正王阳明心学的先河。

李颙在单亲家庭中长大，性格孤僻，但好学，全靠自学读通了经史诸子以及佛、道典籍。成年后，明朝灭亡，他南下讲学，影响极大。清政府要他出来做官，他宁死不为。有一次，地方官亲自到他家中，他躺在床上六天六夜，绝食六天六夜，最后，他居然要拔刀自杀，地方官见这人简直变态，急忙逃走，再也没有来请过他。李颙晚年反锁房门，过起了置身坟墓般的生活，直到1705年去世，他活的时间也很长，享年78岁。

李颙虽然博学，学术思想的源泉却是王阳明心学。他指导弟子们说："做学术先要看陆九渊、杨简（陆九渊心学慈湖学派创始人）、陈白沙，尤其是王阳明，阐明心性，直指本源。把他们的思想搞通了，就能见到大道。"

他也强调"知行合一"，认为"上口不上身"的口耳记诵之学不值一提。在他晚年，他提出了"明体适用"的思想。所谓"体"就是王阳明心学，而"用"则指的是经世致用的一类实学。这是他对王阳明心学的修正，王阳明心学发展到后来，逐渐流入枯禅虚空中，李颙希望用"实学"来补充它，从而矫正它。

我们可以从李颙开的一个书单中明白他这一思想。在"明体"类的书籍中，他选了陆九渊、王阳明、王汝中、王艮、陈白沙等心学大师的著作，还有朱熹、二程、吴与弼、薛瑄等理学大师的著作。

在"适用"类书籍中，他选了诸如《武备志》《资治通鉴纲目大全》《大明会典》《历代名臣奏议》《水利全书》《地理险要》等有关国计民生的政治、经济、军事方面的书籍作为弟子们的必读书。

李颙和从前的心学家们一样，激烈反对八股文。他说："八股文就是洪水猛兽，是束缚人心的最大枷锁。洪水猛兽虽然危害人类，但只造成对人身体的侵害。而八股文的泛滥，使一代学人醉生梦死，浑然不觉，祸患无穷。最终导致的结果是可怕的：人心陷溺之深，终会昏死过去。"

他主张应该自由讲学，自由讲学应该讲实学，人人都可以成为某个领域才华横溢的人，如此才能让国家的人才越来越多，而清初的八股取士，只能取到如李贽所谓的白痴人才。

孙奇逢和李颙对王阳明心学的理解和修正还停留在王阳明心学本身的思想洞窟中，毛奇龄已经开始观察和修正王阳明心学中的"事功"思想。

明帝国灭亡的前一年（1643年），毛奇龄出生于浙江萧山，成年后，他曾参加过抗击清政府的义军，失败后在江淮东躲西藏达三十年之久。这三十年他并未浪费，全身心地钻研王阳明心学，成绩不俗。

与孙奇逢和李颙不同的是，毛奇龄做过清朝的官，而且还是国家人才储备库翰林院的学士。这大概缘于两点：第一，毛奇龄出生在明王朝灭亡前夕，对明王朝的感情并不深；第二，受到王阳明心学提倡建立"事功"的思想，他认为应该到政府的大平台中去寻找机会创建事功。

毛奇龄在钻研王阳明心学的同时也探究朱熹理学。朱熹理学把"圣学"和"圣功"割裂开来，王阳明心学则把二者合二为一，毛奇龄认为王阳明说得对，并且侧重于"圣功"。他说，一个人修身的目的就是为了治国平天下，"事功"应该成为每个人人生中唯一要追寻的东西。他反对空言说经，认为讲学固然重要，但更重要的是讲实学，学生听完后就可以去实践中用的。

毛奇龄还有个突破性的思想，就是认为中国传统政治中"重农抑商"的思想是大错特错，因为商人创造的"事功"更显眼，更有分量，国家应该支持，而不应该打压。

无论是孙奇逢、李颙，还是毛奇龄，他们和清初的那些心学家诸如黄宗羲、张履祥、颜元一样，给人的感觉是，他们在心学圣坛上的身份模模糊糊。一方面，他们声称自己的思想来源于王阳明，而另一方面，他们又用理学给王阳明心学增加了许多成分，在他们身上，我们发现王阳明心学有点四不像了。甚至张履祥和颜元，从伏首王阳明掉头又批判王阳明，可他们批判的武器中，仍然有王阳明心学的思想。

这种遮遮掩掩，甚至是反戈相击大概是迫不得已。清朝统治者对王阳明心学一点好感都没有，作为生存在极权下的思想家们，也只能遮遮掩掩。虽然如此，王阳明心学在清朝却不绝如缕，一遇国家民族危急时刻，王阳明心学就如沉寂待发的火山一样，冲天而起，火光骇人。

1840年，清政府和英国政府的军队正式在海上面对面，第一次鸦片战争爆发，清政府惨败，从此开始了它屈辱悲惨的晚清史。实际上就在鸦片战争的很多年前，清王朝的社会危机和政治危机乃至思想危机已露苗头。政治腐败是罪魁祸首，直接导致官员道德素质的下滑，社会风气的颓废，思想世界的单调乏味更加重了这些危机。

江苏扬州人焦循首倡王阳明的"致良知"，他提出最应该先致良知的就是皇帝，皇帝治理天下应该用良知来让百姓富裕起来，不能总是对百姓空讲义而不讲利。他巧妙地将"义利"结合起来，要人摒弃理学家的义利水火不容的观点。他说，一个政府的良知就是要满足人们正当的欲望。和王阳明以及门徒一样，焦循试图创造一个乌托邦，这个乌托邦和王阳明"拔本塞源论"的思想一模一样。

不过，焦循并非傻呵呵的乐观主义者，他看到了当时社会的重重矛盾，所以提出了"变通"。"变通"是王阳明心学的一个大题目，王阳明曾说过，《易》就是变，变则通，心学就是一门随时变通的学问。焦循对这一思想变本加厉：一切政令措施，应该审时度势，因时制宜，社会变革势在必行，谁都阻挡不住！

焦循所谓的"变通"可不是让农民起义，他是站在统治者立场来说话的。"暴力革命"是焦循强烈反对的，他说这些人只有破坏性根本没有建设性。他警告统治者，如果你不主动变革，那自有些"小人"先变革，到那时，天下大乱，就很难收拾了。他焦虑地问统治者：你能做到的事为何要等别人拿着刀来逼你做呢？

焦循的心学思想也只能是口号，没有统治者意识到和有能力做变革，哪怕是"致"那么一点点良知，满足百姓的欲望，都无法做到。

焦循是江湖心学者，林则徐则是庙堂心学家。

林则徐最让人印象深刻的就是"虎门销烟"，他从低级官员一直做到总督，可谓仕途畅通。他的为政总结就是尽心。

林则徐是不折不扣的王阳明门徒，王阳明心学思想深入骨髓。林则徐所处的中国，闭关锁国，死气沉沉，而世界风暴已经开始刮起，林则徐发挥王阳明提倡的人的主体精神，要人睁眼看世界，认为人只有面对现实，勇敢地学习先进技术和思想，才能抵抗强敌的挑战。

林则徐有一股王阳明的劲头：遇事必尽心尽力，哪怕是不可为的事，但良知认为应该去做，他就义无反顾地去做。在广东虎门焚烧西洋人的鸦片烟时，所有人都反对，因为这样会给他本人引来麻烦，但林则徐说："苟利国家生死以，岂因祸福避趋之。"坚决销毁鸦片。后来的事情正如别人所预料的那样，英国人把军舰开到中国大门口，中国政府打不过人家，只好把林则徐当成替罪羊，发配边疆。

林则徐是那个时代最合格的官员，官事无巨细，必亲自参与谋划，待人温和、诚恳，严以律己，用良知来对待一切人和事。

他是心学践履者，他最后的命运却告诉我们，王阳明心学在那时显然已无法再在中国成长。

和林则徐同岁的嘉庆年间的进士姚莹同样是心学践履者，崇拜王阳明达到难以理解的程度。当有人质疑王阳明时，他愤怒地说："王阳明岂是你这样的人可以评说的，给我闭嘴！"

和林则徐一样，姚莹同样强调王阳明所强调的人的主观能动性，和心力的巨大作用。姚莹说："人就应该有一股无所畏惧的精神，认准了是良知许可的，就去做，这才是阳明的忠实弟子。"

同时，姚莹也主张要变通，不能死守着传统不放，祖宗那点东西如果有用当然好，如果没有用，留着只能是累赘。

鸦片战争期间，他曾提出仿造外国军舰和大炮的主张，后来他激进的思想害了他，他被贬到西藏，却毫不消沉，收集当时出版的关于"外夷"的书籍，制定了"制驭"的方略。他说："应该派人到夷人那里，探查其虚实，学其长处，反过来再以其人之道还治其身，固我国家。"

姚莹的这种心学思想也只能停留在理论上，终其一生，他都没有机会让自己的理想变成现实。其实，从清朝开国到第一次鸦片战争的两百年间，心学家们所创建的"事功"寥寥无几。他们只能偶尔迸发出思想的星星火光，但这就足够了，因为星星之火可以燎原。

五、心学改变中国

使一个国家改变，无外乎两个思路，一是自上而下的和平改良，一是自下而上的暴力革命。前面我们说过，王阳明心学在这两方面都是一把锋利的武器。

满清政府统治的中国自鸦片战争后开始向下坡路飞奔，太平天国运动险些撬开了它灭亡的坟墓，它虽然侥幸躲过一劫，但也是奄奄一息，再加上西方列强和东方日本持续的攻击，清政府下的中国已是危如累卵。人人都知道必须改变，但人人都不知道该怎么变，心学门徒们因此挺身而出。

晚清三杰中的曾国藩和左宗棠是王阳明心学的推重者,曾国藩后来虽然头脑发热反驳王阳明,但连他自己都无法否认,他在平定太平天国叛乱中执行的团练政策是从王阳明那里偷来的,他在给他家人的书信中,屡次提到要以良知为人生信条,不能越雷池半步。如果说曾国藩属于三心二意的心学门徒,那左宗棠则把王阳明当成一生的偶像,推崇之,效仿之。左宗棠"师夷长技以制夷"的业绩和他从王阳明心学中吸取的精神力量关系密切。

左宗棠虽然年轻时受到的是朱熹理学教育,但侧重于"经世致用",而朱熹理学对这一块的涉及非常少,所以左宗棠就抛开朱熹理学去读实用类的书籍。他后来始终不能考中进士,和他对朱熹理学的漠然有直接关系。虽然不是进士,但左宗棠凭借聪明的头脑始终充当当时许多顶级大员的参谋。太平天国之乱时,左宗棠担任曾国藩的参谋,曾国藩大为赏识,命他自行组织军队直接和太平军作战。从此,左宗棠如蛟龙入海,平定太平天国之乱,搞定陕、甘回民的叛乱,收复了此前失去的西藏,毫无疑问地成为晚清的三根巨柱之一。

他对王阳明的崇敬几乎到了痴醉的程度,王阳明曾说"去山中贼易,去心中贼难",他几乎是生吞活剥了这句话:天下之盗贼易去,人心之盗贼难除。

他认为,只要祛除私欲物欲,把个人生死利害荣辱抛到脑后,只问是否利于天下国家,这就是致良知,就可以做到"修齐治平"。

左宗棠把王阳明提倡的人的主体精神大加发挥,他说,一个人只要能够克制自己,就必能克制敌人。一个人必须先自强,才能战胜敌人。自强的方法不必拘泥传统,应该向西方列强学习,毕竟他们比我们强。而我们向他们学习的目的是战胜他们。他到处兴办近代工业企业,把全部精力都投入"自强"运动中去,直到他的暮年,他还坚信一点：只要人人都坚持本心（良知），自强自立，就必能让国家强大，战胜外敌。

左宗棠属于掌握权力的王阳明心学门徒，而康有为与他的战友梁启超先是属于没有掌握权力的心学门徒，后来则成了掌握权力的心学门徒，所以他们的故事就异常精彩。

康有为1858年生于广东南海，自幼读书就很有主见，而且从古典理学中找不到乐趣，所以搜索百家，如饥似渴地大量阅读。这产生了一个弊端：样样通则样样松。所以后来有些严肃的学者评价康有为的思想理论时，说他是野路子出生。康有为学习王阳明心学不知是什么时候的事，1888年，他就无所畏惧地向皇帝上书请求变法图强，但当时慈禧太后掌握权力，所以他的上书石沉大海。1895年，中日甲午海战，中国惨败，康有为恰好在北京准备进行会试，他倡导举子们联合起来反对中国和日本签订丧权辱国的《马关条约》，并同时要求政府能进行变法。年轻的皇帝被康有为一干人等的热血所激励，突破慈禧太后的重重阻挠，终于在1898年开始变法，这场变法进行了三个多月就以流血收场，史称"百日维新"。

康有为非常赞赏王阳明心学，排斥朱熹理学，他说只要真切地致良知，就能使人具有确乎不拔、独立不惧的精神，做到大难临头时"不动心"，不退缩。

他还提到了王阳明的"万物一体"，说他目睹天下残破如此，实在不忍心，必须站出来为天下为国家为百姓贡献精力和智慧。

我们注意到，作为当时还未进入仕途掌握权力的康有为，他没有使用暴力手段推翻国家，而是采用了相对温和的改良主义，一部分原因是康有为毕竟还是个知识分子，长期受儒家忠君爱国的教育，另一方面则是他对王阳明保卫国家的钦慕，使他不可能做出违背王阳明心愿的事情来。

不过，当百日维新开始后，康有为的思想开始变化了。他教唆光绪皇帝向慈禧太后夺权，结果计划失败，康有为走上了流亡的道路。从开始的温和改良思想到后来的动用暴力手段铲除慈禧太后，康有为恰好符合了心学家的一贯思路：一旦手中有权，必走上集权道路。正如王阳明在江西剿匪时，向王琼要到了所有大权一样。因为只有这样，才能畅通无阻地推行他们的理想，这是良知告诉他们的，并非野心家所能感悟到的。

康有为的失败，不是王阳明心学的失败，而是那个时代形势所造成的，因为当时没有人可以撼动慈禧太后的力量，当然，这是历史的问题，在此不须深究。

维新派的二号人物梁启超是康有为的得意弟子，同样也是王阳明心学最忠实的门徒。不过，在对待心学的态度上，梁启超要远比康有为简易明快。

梁启超拥有超人的智慧，四岁即能读《四书》，特别喜欢谈豪杰哲人的嘉言懿行，七岁读透中国历史，九岁可以写出千字的文章，十七岁中举人后开始跟随康有为。虽然他被称为康有为的助手和弟子，但在思想上，尤其是王阳明心学思想上，他远胜于老师。

梁启超热情维护王阳明心学，有人说王阳明心学是枯禅，梁启超反驳说："孔子自得之学在从心所欲，孟子自得之学在不动心。后人一谈到王阳明心学，就诬为逃禅，实在是不懂装懂。"梁启超解释说，王阳明心学是孔子之学和孟子之学的结晶，既能让我们不动心，又能让我们可以从心所欲，达到这一境界的就是王阳明所提倡的"练心""养心"。

养心到底有多重要，梁启超危言道："每个人眼前都有富贵利益、耳目声色、游玩嗜好来夺我们的志向。这正如八十岁的老头过危桥，稍不小心，一落千丈，粉身碎骨。还有利害毁誉、苦乐生死来侵袭我们，如果没有坚定的心力，一经小胜就骄傲，一经挫折就气馁，临事失措，身败名裂，这就是古今能成大事的人少之又少的缘故。"

如何养心呢？梁启超的方法仍然是王阳明的：静坐。先消除杂虑，然后到事上去磨炼内心。他说："静坐养心于是分两种，一种是收敛其心（静坐），收视返听，万念不起，使清明在身，志气如神；另外一种是纵心（事上磨炼），遍览天地之大，万物之理，或者可以模拟一件困难在眼前，如何来克服它，最好想象一下当你面对生死存亡关头时该如何行事，日日思之，熟能生巧，将来有事就可以把模拟放到现实，必能渡过难关。"

这两种练心的方式是王阳明心学独有的，它不是让我们胡思乱想，而是要把胡思乱想先祛除，然后严肃地模拟困难的来临和解决困难的方法，这些方法当然很简单，那就致良知。

梁启超谨遵王阳明的教诲，用王阳明的"万物一体之仁"、以天下为己任的精神，树立为天下国家献身的志向。他激烈地斥责数千年来充斥着中国每一个角落的"看客"们，他大骂这些人是没有责任心和恻隐之心的无脑动物。这些人只计较自己的利害，对于群体的利害和国家的危亡始终采取看客的态度。

不做看客，就必须要做到"至诚"，只要人人都做到"至诚"——对自己的心中贼诚实地祛除，对客观世界的现状真诚地对待——这个国家就会有希望。

王阳明心学始终提倡豪杰主义，梁启超也说，每个人都应该学习王阳明心学中无所畏惧的圣人、超人的精神。如何做超人，梁启超给出了答案，那就是祛除心中的奴隶。

第一，不要做古人的奴隶，特别是那些死掉的圣人的奴隶，不能以孔子的是非为是非。他激烈地发挥王阳明"学贵自得"的观点说，心是我的，听一句话，受一句教，只有我用心，才能有这句话，有这句教。可我思考后有两个结果：一是，那句话是错的；二是，那句话是对的，我该如何？尤其是当那句话是古圣人说的时。梁启超的答案是：相信自己心的判断！

第二，不可做世俗的奴隶。也就是说，要有独立思想和独立意识，不可人云亦云，尤其是那些俯仰随人、随波逐流的人，正是王阳明最鄙视的人。梁启超认为，任何人来到世上就必有用处，人人都有当顶天立地大丈夫的潜质，所以不必借助他人的扶助和庇护。

第三，不可做境遇的奴隶。人生在世，有顺境就必有逆境，顺境时，不可消磨志气，逆境时不能放弃心中的梦想，每个人应该发挥自信、自尊的固有价值，和逆境做生死斗争，才有机会成为胜利者，屹立于世。如果不敢斗争，那就会成为境遇的奴隶。他扩大到国家说，一个国家如果安于现状，跟着境遇走，那不但会成为境遇的奴隶，还会成为别国的奴隶。他认为中国人应该抛掉传统中的保守思想，要做个冒险家。他强烈批判老子思想，认为"知足不辱，知止不殆"是懦弱无能的表现，正是这种思想的深入人心，所以才消灭了中国人本应该具有的冒险精神，随遇而安，必将失败。人们必须要自信、敢想敢干，要像初生的牛犊一样敢冲敢闯，以绝大的气魄和绝大的胆量，为改造中国而拼尽全力。

第四，无论何时，都不要丧失信心。《庄子》里说，哀莫大于心死，一个人如果心死了，那就成了行尸走肉。所以必须要"正本""养心""致良知"。他说，世界上那些能够做出惊天动地事业的人都是内心强大、自信满满的人。没有一颗自信的心，就不可能有未来。

梁启超博学百家思想，其核心思想却是王阳明心学的"独立自主"，过度强调人的主观能动性。比如他非常强调自信心，并武断地说，人只要有自信心，就能战胜逆境，就能创建大功。与其说他的思想是心学思想，不如说是心灵鸡汤。他的《少年中国说》处处充斥着这种鸡汤味，的确能鼓舞人心，除了这些，就没有别的了。

康有为和梁启超用王阳明心学作为武器发动的"百日维新"最终以慈禧太后的反击而失败，不过他们让当时已成古老僵尸的中国闻到了一股新气息，实际上这一气息还是王阳明心学的气息。人人都认为，康有为和梁启超试图改造中国的失败不是王阳明心学的失败，而是他们本身的问题，比如先是把所有希望都寄托在没有权力的光绪皇帝身上，后来又头脑发热准备向慈禧太后夺权。

于是，另外一批王阳明心学的斗士们登上了历史舞台，这一次，王阳明心学好像可以呼风唤雨了。

康有为和梁启超是温和的改良，孙中山、宋教仁、章炳麟则主张暴力革命。先来看伟大人物、王阳明的门徒孙中山先生。

孙中山年轻时受的是西方式的近代教育，后来主攻医学，但他从小就崇拜太平天国的革命思想，眼见中国残破，于是弃医从武，决定反清。他秘密组织了兴中会，以"驱除鞑虏，恢复中国，创立合众政府"为会旨，开始踏上了他反清革命的征途。他在南中国各地发动小规模的"起义"，这种"起义"有个很大的特点：直接针对当地政府高级官员进行恐怖袭击。他屡败屡战，从不言退。他四处流亡，那颗反清的心却从未黯淡过。1911年，武昌起义爆发，中华民国成立，孙中山被选为中华民国临时大总统，他的革命事业获得的丰厚的回报。王阳明心学在他的革命人生中到底起了什么作用呢？

首先，是对王阳明"知行合一"的加强，他提出了"知难行易"论，但他的目的是强调人的信仰，也就是强调"知"，认为只要将信仰问题解决了，一切事情就都好办了。也就是说，只要那些抱着炸药包向清政府官员猛冲的革命党人接受他的思想，统一认识，协调斗争，就能"驱除鞑虏"，在日后的南北混战中，他也成功地让他的人接受了他的思想，统一认识，打垮北方军阀，建立一个真正的资产阶级民主共和国。

其次，是对王阳明注重"心"的重申上，孙中山提出"心为万事之本"的理论。反清时期，虽然有很多人把自己当成人肉炸弹，但孙中山还是认为这样的人太少，为什么少？就是因为人们的心里存在不能坦然面对死亡的障碍。孙中山力图唤起所有的民众，要他们都以一种无所畏惧的精神扫清革命与建设的路障。这一思想贯穿于孙中山的后半生，在他晚年改组国民党时，仍坚持"心为万事之本源"的思想。

最后，孙中山受王阳明心学左派，尤其是何心隐的"知行"影响极大。孙中山开始革命时，和民间秘密教会的关系非比寻常，而且他本人就是上海青帮的弟子。何心隐当初也和白莲教来往密切，并且还制订了不可告人的计划，只是因为后来突然被杀，计划未见天日而已。孙中山让他的人进行暗杀这一行为本身就是王阳明心学左派那些徒手能缚龙蛇的人的最爱，"侠客""壮士"都是明朝后期王阳明心学左派的门徒。

孙中山是暴力革命的实践者，而宋教仁则是暴力革命的理论家。

宋教仁是中华民国的主要缔造者之一，是国民党的元老级人物。幼年接受儒家教育，但考中秀才后，眼见国家残破，就放弃科举，和革命党人走到了一起。

宋教仁是彻头彻尾的王阳明心学研究者，投身革命运动后，几乎每天晚上都在读王阳明的著作和王阳明年谱，他的王阳明心学笔记可以成为几本书。宋教仁最后得出结论说，王阳明对于当时的世道人心、改造中国、对中国革命大有益处，比如"致良知""知行合一""事上练"都是当时治疗中国的一剂良药。

在他的王阳明心学笔记中，有这样一段话，对王阳明心学精粹有着相当深刻的辨析解读：

> 观《王阳明年谱》，记先生龙场忽中夜悟格物致知之旨，始知圣人之道，吾性自足，向之求理于事物者误也。余以为此言诚是，但案之于心的圣人之道一方面则固不错，然圣人之道，格物致知之学，原是混圆一团之象，举天下万事万物皆包含在内焉，所谓一以贯之者是也。若分别之，则固有二方面，一心的，一物的。心的即精神上之学问，物的即物质上之学问，所谓格焉者，格此者也，所谓致焉者，致此者也。若尽用力于一方面，而遗其一方面焉，则所谓道也，所谓学问也，皆不完全矣。吾尝谓中国自三代以下，学者无论如何纯粹，皆得圣人之道之半部分，误认半部为总体，使天地间真理与人道皆不现出浑圆之象，与在哥伦布未发现新大陆以前之地球相似。盖人类进化未达极点，亦不能怪其然也。阳明先生之此说，亦如是而已矣。虽然，吾人可以圣人之道一贯之旨为前提，而先从心的方面下手焉，则阳明先生之说，正吾人当服膺之不暇者矣。

宋教仁通过对王阳明的著作和年谱的研读，将王阳明的思想和学说贯穿于其对革命理论的宣传中去。比如，关于树立革命志向的问题，王阳明关于立志的言论就给了他很大的启发。他说，要确立革命的志向，首先必须除去自己的私欲："言我辈初立志时，千罪万过，洗涤不胜，每遇事，心亦知其当如何方好，然而不能实践者常多，则人欲蔽之也，故现惟以克欲为第一工夫。"而对于王阳明的"知行合一""在事上磨炼"的思想，宋教仁说："有良知而不致与无良知同也。"

实际上，宋教仁只是想说，仅有革命的理想，但不踊跃投入具体的革命实践活动当中去，那么，革命的理想就不可能实现。

宋教仁31岁时死于谋杀，有人说是袁世凯，也有人说是孙中山。当人们在整理他的遗物时，发现了他留下的王阳明心学笔记，人们断定，若能假以数年，他必成为心学巨子。

另外一名民国先驱人物章太炎和上述几位都不同，他是李贽型的人物，意志坚强，认准革命事业，曾七被追捕，三入牢狱，而革命之志终不屈挠。他蔑视权威，只伏首真理，纵然是孙中山，他也会毫不客气地提出批评，说孙中山的革命计划短浅，所以总是自败，还说孙中山"天性褊狭，为人鲁莽轻听，又嫉贤妒能"。最后，他和李贽一样行为怪诞，语出惊人，人们于是给他起了个绰号叫"章疯子"。曾有人说，有幸得到章太炎提点之人，要么声望大增，要么身价暴跌，屡试不爽。每遇章太炎有话要说，报纸便竞相转载，其中不乏断章取义，牵强附会之说，并经常辅以标题"章疯子大发其疯"，如果章太炎的言论一时合了他们的胃口，报纸头条就会写上"章疯子居然不疯"。

袁世凯要恢复帝制前，章太炎臭骂袁世凯，袁世凯把他软禁后，不敢动这位名动天下的大人物，只能好吃好喝伺候着他。并且规定章的每月生活费五百大洋。一切生活开销及损毁器物都由公家支付，还特意找来官差扮作厨子和仆人，监视章太炎的饮食起居。章太炎则要求他们每天早晚向自己磕头请安，言必称"老爷大人"，以此讥讽奚落袁世凯。袁世凯称帝后，章太炎每天都要写两个大字："袁贼。"他大量饮酒，每次必以花生米为下酒菜，吃时去其蒂，说："杀了'袁皇帝'的头！"

章太炎同时还是个民族主义者。1936年6月14日，章太炎因病去世，缪篆先生在《吊余杭先生文》中说，他的遗嘱只有一句话："设有异族入主中夏，世世子孙毋食其官禄。"

章太炎曾有过一段对王阳明心学的真知灼见："所谓我见者，是自信，而非利己。犹有厚自尊贵之风。尼采所谓超人，庶几相近。排除生死，旁若无人，布衣麻鞋，径行独往，上无政党猥贱之操，下作懦夫奋矜之气，以此揭櫫，庶于中国前途有益。"

而章太炎对于读书的见解，完全是王阳明的看法：博学要有自己的心得，有自己的创见；否则就是读尽了天下书，也只是书笥，装了些别人的东西，而不是自己独有的东西。

或许正是王阳明心学为他注入的强悍血液，才让他在革命的道路上走了一生。我们与其说章太炎是个心学理论家和实践者，不如说他是王阳明心学左派完全塑造出来的人，他的言谈举止都有心学家左派人士的风韵。

康有为、梁启超等受心学影响的人在19世纪末的中国成功推动了改良主义，虽然只有短短的百余天，但毕竟证明了，心学可以在那个颓废不堪的时代为人们带来一丝光。而孙中山等革命党人前仆后继充当恐怖分子的暴力革命正是在王阳明心学鼓动下才会发生，无可否认，辛亥革命和日后中华民国的诞生，主要功勋并非王阳明心学，可我们从上面的论述中已经看到，心学在他们每个人身上都留下了不可磨灭的痕迹。说王阳明心学改变了中国，尤其是终止帝制的功劳，已不容置疑。

王阳明心学能创造奇迹，人人皆知。但更大的奇迹不是在中国，而是在日本。

六、心学在日本有何影响

日本人和中国人对待王阳明心学的态度不可同日而语。章太炎为此说："日本维新，亦由王学为其先导。王学岂有他长？亦曰自尊无畏而已。"民国时期的大部分传统知识分子都曾大声疾呼要把一件宝贝从日本拿回来，这个宝贝正是王阳明心学。

王阳明心学是如何在日本落地生根茁壮成长起来的呢？

有两个人的名字被记入史册，第一个叫了庵桂梧，是个日本和尚，另外一个就是日本阳明学的创建者和传播人，大名鼎鼎的中江藤树。

了庵桂梧和王阳明相识的具体时间不详，不过从1513年二人在宁波会晤，王阳明为他写了篇感人的送行文章足以证明，二人交情不浅。1513年，王阳明创建心学已五年，了庵桂梧肯定了解了这门不同于朱熹理学的新学说。了庵桂梧回到日本后，把王阳明心学传播开来。稍有遗憾的是，他把王阳明心学仍然看作朱熹理学的分支，而且当时的日本思想界是朱熹理学一家独大，王阳明心学在墙缝中苟活着。

中江藤树（1608—1648年）独具慧眼，发现了王阳明心学的无上价值，在把王阳明心学摆到台面上的同时也成就了他自己。

中江藤树家境一般，只是能读得起书而已，从小接受了规范的朱熹理学教育。他11岁读《大学》，16岁学《论语》，后又钻研《四书大全》，有独到见解，这使他在日本思想界拥有了一席之地。他在自信之余，开始把目光对准当时风行日本的"武士道"精神。

日本"武士道"出现于公元7世纪，是中国儒道的加强版：臣为君死，天经地义。"忠诚"和"勇气"是日本武士讲究的最高天理（道）。

中江藤树发现，武士道发展了几百年，坚持的最高天理不过是些准则，而准则背后没有思想支撑，很容易受到质疑。比如，武士必须对他的主人忠诚，但如果主人不停地凌辱武士，武士该怎么办，还要忠诚吗？

中江藤树对这件事耿耿于怀，他在中国儒学，特别是朱熹理学中找不到理论，更要命的是找不到实际例子。如果稍对中国历史有所了解就知道，理学家们都是伪道学，李贽对他们的抨击可谓入木三分。理学家们平时提倡杀身成仁，危机来时，全都明哲保身。

中江藤树面临困惑，直到他37岁时接触了《王阳明全书》，了解了王阳明心学，他的困惑才得以冰释。

中江藤树从王阳明心学中看到了哪些宝贵的思想呢？他说，阳明心学告诉我们，道德秩序的最高范畴存在于每个人的心中。只要"明德""慎独""格物"，每个人都能成为圣贤。而真正的学问（圣人之学）就是"以心读心"的"心学"。他重新回到"武士道"精神上来说，武士遵循的那些准则都是外在的，是盲目的遵从。真正的武士应该问自己的心，只要和自己的心契合，才能达到武士道的最高境界：毫不留恋地死，毫不顾忌地死，毫不犹豫地死。

武士不应该为主君毫无保留地舍弃性命，真正的武士应该为自己的良知毫无保留地奉献生命。无论是武士还是普通人，都应有这样的觉悟：只向心中的真理称臣！

在中江藤树的后半生，他把所有精力都放在了阳明学的修行和传播上，他捻出了王阳明心学的精髓"练心"作为自己和弟子们的终生课。王阳明心学虽然缓慢，但扎实地开始在日本落地生根，在中江藤树的众多弟子中，最引人注目的就是后来明治维新的豪杰。当然，还有一位更加惹人注意，甚至是光芒万丈的，此人就是大盐平八郎。

大盐平八郎出生（1793年）时正是德川幕府统治日本的江户时代后期，他的家庭在日本属于武士阶层，享有并不让人惊喜的一些特权，比如他在14岁时就按传统继承了爷爷的大阪东町奉行所的"与力"（警察局候补局长）。当他回想自己的少年时代时，鼻子是酸酸的，大盐平八郎吃了不少苦，7岁丧父，8岁丧母，爷爷的薪水勉强能让他吃饱。

在这种环境下成长起来的大盐平八郎个性内向孤僻，死抱着一种倔强的孤独不放，所以他在工作中得罪了不少人。有一天，一位同僚挑战他的权威：你的学识无法支撑你坐在这个位置。

大盐平八郎的自尊被激了起来，他发誓要出人头地，开始积极地学习朱熹理学，又学习骑射和枪炮技术，准备"学成文武艺，货与帝王家"。

然而他很快发现这是难以实现的梦想，当时由幕府统治下的日本腐败透顶，不可能给大盐平八郎一个晋身之梯。大盐平八郎因为有志难酬，而在朱熹理学中又找不到解决的方法开始消沉，不过一段时间后，他就突然生龙活虎起来，因为他接触到了王阳明心学。

据说，大盐平八郎是从中国明朝人吕坤的著作《呻吟语》上看到的阳明心学的片段，后来找到王阳明全集，如饥似渴地阅读。他被王阳明心学思想彻底征服，感动得一塌糊涂。大盐平八郎对王阳明心学的理解很简洁：人一到世上来就有一颗明辨善恶是非的心，不必向任何人请教。可是，很多人在日常生活中总对欲望迁就，于是就遮蔽了这颗明辨是非善恶的心。如何才能让这颗心重焕光彩呢？大盐平八郎的方法和王阳明一样：练心，知行合一，事上磨炼。

王阳明心学带给大盐平八郎的不仅是"心即理"的洗礼，还有王阳明心学主张的人人平等（满街都是圣人）的思想。大盐平八郎眼见当时日本下层民众倒悬于水火之中，断定这是极不公平的。他在笔记中说："贫农也是自天而降生的人……一切人都应受到宽宏大度的待遇。"他质问，"既然人人都是圣人，那么人人都是平等的，我没有权力命令你，你也没有权力命令我，可为什么那些官老爷会放肆地摧残我们？"

他说："我必须要让百姓懂得这点，为自己争取权利。"1830年，大盐平八郎抛弃官职，开办"洗心洞"学堂，传播王阳明心学。

这是王阳明当年在中国的重演，大盐平八郎的弟子几乎都是贫苦农民，民众对"自由"和"平等"的觉醒是后来明治维新的基石。

"自尊"的意思有了，但生活在当时幕府暴力统治的日本，"自尊"不可能是坐等来的，必须要主动去争取"自尊"，向摧残自尊的人索要自尊，必然面对的是血腥和暴力，所以大盐平八郎用王阳明心学教导群众：不恨身死恨心死；心若不死，乃与天地人做无穷之斗，要无所畏惧。

1836年，大盐平八郎对王阳明心学的实践机会到来。本年，日本气候异常，稻子收成只有往年的一半，所以粮食价格大涨，贫民无钱购买，饿殍遍地。大盐平八郎要求日本幕府赈济，得到的回应却是日本幕府的冷漠。

大盐平八郎进一步指出，幕府的粮库里明明有很多粮食，可被倒卖给有关系的商人，商人加倍售卖。大盐平八郎对他的徒众们说："如今只有一条路：用我们的血肉之躯去争取属于我们的权力。"他的徒众们被激励得义愤填膺，开始制造火器，筹备枪炮，准备同幕府大干一场。

起义之前，大盐平八郎的弟子见肯为自尊献身的人只有一百多人，就问大盐平八郎："这会有什么用？"

大盐平八郎平静地回答："感觉到了长久以来都很排斥的寂寞空虚（因什么也没做过而感到的空虚）。"这是王阳明心学"必有事焉"的革命版，也是大盐平八郎对王阳明心学最深刻的感悟：人为了争取自尊和自主，必须要做点什么，哪怕是明知不可为的事，也要杀身成仁。

1837年2月19日，大盐平八郎带领他的一百多名争取自尊的革命者拿着自制的火药和枪炮，冲上大街，攻击政府粮仓。正如孙中山多次主持的刺杀革命一样，大盐平八郎的这次革命瞬间被镇压，大盐平八郎在失败后逃到一个村庄躲避，后被幕府追击，大盐平八郎自杀。

大盐平八郎的革命虽然转瞬即逝，但这次革命的火花照亮了民众幽暗的心智，因为这是一次建立在"人人都应该平等"的神圣立场上的革命，它让人们渐渐地明白，人不受压迫，无论是国内还是国外的，是天经地义。如果有这种情况存在，那就要奋起反抗，绝不能苟活在世，千万不要有"因什么也没做过而感到空虚"的感觉。

大盐平八郎和他的一百多名心学战士倒下了，王阳明心学又重新寻找可塑之才，这些可塑之才是明治维新前三杰：吉田松阴、高杉晋作、坂本龙马；明治维新后三杰中的大久保利通和西乡隆盛。

明治维新是一场震动天地的国家改革，内容涉及政治、经济、军事、文化等诸多方面，明治维新后，日本彻底摆脱了西方殖民者的占领和侵略，它比改革前要强大百倍千倍。而正是这些明治维新的斗士们运用王阳明心学的力量才使这种奇迹发生。现在我们一一陈述，看看王阳明心学到底让他们拥有了什么。

明治维新前三杰的首杰吉田松阴（1830—1859年）从小就特别关心日本国防，22岁时，他违反幕府规定私自出境考察日本地形被当局判有罪，没收了他的一切荣誉和财产，他就此成为一个浪人。两年后，吉田松阴又跑到日本沿海，幕府把他投入监狱。不久后，他接触到了王阳明心学左派巨子李贽的著作，他欣喜若狂，再后来，他又读到了大盐平八郎的心学笔记。松阴回忆说："吾曾读王阳明《传习录》，颇觉有味。顷得《李氏焚书》（李贽作品集）亦阳明派，言言当心，向借日孜以《洗心洞札记》，大盐亦阳明派，取观为可。"

吉田松阴是有感而发，当时的日本被西方国家强行撞开国门，已沦陷为任人宰割的境地。吉田松阴三番两次到海上考察海防，就是希望能为祖国贡献力量，可他的一片苦心被日本幕府视为大逆不道。当他看到王阳明、李贽，乃至大盐平八郎的思想和生平事迹时，不禁动容。这些人都曾经历艰难困苦，但最后都成了名动天下的人物，他们这种顽强的精神不正是他们信奉的心学提供的营养吗？

吉田松阴从王阳明心学中得到了这样的启示：必须立下大志向，一旦立下大志向，就要知行合一，为了这个志向的实现，要奋不顾身，无惧死亡："生死离合，人世倏忽，但不可夺者志，不灭者业，天地之间，可恃者独此而已。"他在给弟子高杉晋作的信中激情四射地写道："贵问丈夫所可死如何？仆去冬以来，死之一字，大有发明。李贽之功为多，其说甚长，约言之，死非可好，亦非可恶，道尽心安，便是死所。世有身死而心死者，有身亡而魂存者，心死、生无益也，魂存、亡无损也。"这是为了心中的真理，奋勇向前，永无畏惧。

吉田松阴的大志很简单：尊天皇攘夷狄（西方列强）。但他有生之年没有实现这样的志向，也没有看到日本的崛起，1859年，吉田松阴因放肆地宣传王阳明心学的"无畏"思想而被幕府处以斩刑，离开人间前，他留下浪漫的遗诗："肉躯纵曝武藏野，白骨犹唱大和魂。"

明治维新的第二杰是被称为日军之父的武士出身的高杉晋作（1839—1867年），他是吉田松阴最得意的弟子，不过从他一贯作风来看，他并未领会王阳明心学"人人平等"的概念，据说他临死前曾对老婆说："武士之妻与町人百姓之妻身分有别。"他叮嘱妻子，我死后，你坚决不能接受伊藤、山县等的接济（高杉晋作出身于俸禄150石的中级武士家，而伊藤、山县均属于最下级武士家）。另外，高杉晋作还有一种王阳明提倡的变了味道的"狂放不羁"：他把嫖妓当成生活的主要部分，上马指挥杀贼，下马就嚷着要去艺妓馆。同时，他亲手创建的奇兵队虽然不讲出身地位，唯才是举，可他本人总保持着日本武士那种昂首阔步，不可一世的派头，他常常在前呼后拥的侍从保护下携艺妓张羽伞，悠然醉步徜徉在街头。

不过，他能成为维新前三杰的一员，必有原因。这就是他在日军上的独特创建，而这一创建思路正来源于王阳明。高杉晋作24岁时曾到中国的上海搞过贸易，当时正好是中国太平天国之乱，他亲眼见到清朝军队的不堪一击和太平军的残酷杀戮，这让他毛骨悚然。他清醒地意识到，政府腐败必遭战乱，不是内部就是外部。

回到日本后，他开始为倒幕和攘夷而大声疾呼，并且在吉田松阴门下学习，小有所成后，他写下这样的读后感："王学振兴圣学新，古今杂说遂沉湮。唯能信得良知字，即是义皇以上人。"

高杉晋作要做"义皇以上人"，必须要听从良知的指引。而良知告诉他，要把停泊在日本沿海的西方列强船只统统赶走。为此，他仿效王阳明在江西时组织的团练而组织了一支"奇兵队"。奇兵队成员都来自社会底层，为了让这些人死心塌地地为国家卖命，他宣传"四民（士农工商）平等"的思想：无论你是农民、商人，还是武士、小工业者，你们和那群幕府大家伙都是平等的，你们为了祖国而战斗是光荣的，历史必将记住你们。

在高杉晋作的鼓吹下，这支民团式的军队迅速成长，很快就成为日本国内一支不可低估的军力，在后来攘夷和与幕府的军事斗争中，这支军队屡立奇功，也正是这支受到王阳明心学教育的军队后来结束了幕府在日本的统治。

高杉晋作被称为日本陆军之父，而另一位维新豪杰坂本龙马（1836—1867年）则被称为日本海军之父。

坂本龙马是日本海军现代化的奠基人，也是现代航海、贸易、股份公司的先驱者，更是自由、平等、民权、宪政体制的倡导者。他的"船中八条"[①]是明治维新的理论基础。

坂本龙马受教于日本心学大师胜海舟。胜海舟把心学的精髓传授给了他，那就是：行动在于我，评价在于他人，与我无关。坂本龙马则自己悟出了王阳明心学的真谛之一：不能执，不要拘泥，永远要与时俱进，走在别人前面。

有这样一个小例子很能说明坂本龙马的不执与变通：他曾经对一位朋友说："今后在室内乱打乱斗的情况会多起来。我喜欢小太刀，小太刀灵活，比太刀实用（当时流行太刀）。"不久，这位朋友带了小太刀来见他，他却掏出来一把手枪说："这个比小太刀更具威力。"这位朋友第三次来见他时就带了手枪，让他大为懊丧的是，坂本龙马居然掏出了一部《万国公法》（一本国际法方面的书），说："手枪只能

---

① 船中八条：大政奉还——让幕府把政权奉还天皇，政令出于朝廷；设立议会；招揽天下才俊，祛除从前有名无实的官员；通过广泛的公议订立和外国的交际；折中过去的法律，制定新的大典；扩张海军；建立亲兵拱卫京师；与外国订立平衡金银物价的法律。

杀伤敌人，此书可以振兴日本！"

明治维新后三杰之一的西乡隆盛和坂本龙马关系密切，他不太喜欢坂本龙马的信口开河："你前天所说的和今天所说的不一样，这样你怎么能取信于我呢？你作为天下名士必须有坚定的信念！"坂本龙马却一本正经地说："不是这样的。圣人曾说，君子从时。时间在推移，社会形势在天天变化。因此，顺应时代潮流才是君子之道！你呀，一旦决定一件事之后，就想贯彻始终。但这么做，将来你会落后于时代的。"

这就是坂本龙马，他从王阳明心学中汲取了最高的智慧之一，敲开了明治维新的大门。

明治维新后三杰全是王阳明心学的理论家和实干家。西乡隆盛认为王阳明的"自得于心"的思想最符合他本人，他曾说："空读圣贤之书，如同观人剑术，无丝毫自得于心。若不自得于心，一旦较量格斗，则唯败逃而已。"为了和内心相契合，西乡隆盛两次和上级发生冲突，被流放荒岛。在两次流放中，他随身携带的唯一书籍就是王阳明心学著作，他后来回忆说，是王阳明心学给了他力量："即使在贫瘠的荒岛上遭受牢狱之灾时，我也没有荒废提高完善自我。"

大久保利通拥有的是王阳明提倡的为了理想而大无畏的精神，他号称明治维新第一政治家，他凭借自己的良知，兢兢业业，克服万难，为推行明治维新的改革贡献了苍天可鉴的力量。

于此证明，王阳明心学思想强调的是人人为了心目中的理想都需要自尊无畏的精神，而且要力行实功，在王阳明心学中，日本人挖掘出了尊重个人、强调个性、不惧外物、不畏权势的精华思想。这些思想被日本维新豪杰们牢牢地抓在手中，并与时俱进地和当时的现实接轨。

日本心学大师井上哲次郎曾有这样的评论："阳明学派中人物，

多有建树者，而固陋迂腐之人几乎没有。可见，阳明学果有陶冶人物之功无疑。"正是这些非"固陋迂腐"的人先是无畏地进行了倒幕运动，然后又开创了让日本崛起的明治维新改革。

这让我们既欢喜又懊丧，欢喜的是，王阳明心学令人惊异的神奇力量；懊丧的是，为什么这种力量在当年的中国没有展现。也许，日本心学大师高濑武次郎的话会是一个不错的答案："大凡阳明学含有二元素，一曰事业的，二曰枯禅的。得枯禅之元素者可以亡国，得事业之元素者可以兴国。中日两国各得其一。"

有一点补充：王阳明心学左派除了我们上面介绍的那几位是真正的知行合一者，其他都是穷嚼蛆分子，尤以东林党为标杆。明末清初的很多思想家都说，明亡就灭在党争，而东林党是罪魁祸首。穷嚼蛆的主要表现之一就是，说起话来大言不惭，一遇到事就浑身战栗。喜欢辩论，别人说是，他必说非，别人说非，他必说是。

另外，清人入关后对王阳明心学的激烈扼杀，也是中国人不能获得王阳明心学大能量的主要原因。

想到此，不由一声叹息！

七、王阳明心学在其他领域的应用

王阳明心学不仅是思想领域和政治领域的一道强光，它的光芒能普照各个人类的领域，比如军事领域和管理领域。

在军事领域中，被普照的人的代表人物是日本"军神"东乡平八郎。

和那个时代的很多出色的日本人一样，东乡平八郎出身武士家庭，父亲热衷于海军，东乡平八郎受到的是朴实无华的家庭教育，痴迷于军事。18岁时，东乡平八郎参加了日本海军局，开始了他向"军神"圣坛迈进的长征。

23岁时，东乡平八郎以日本海军军官的身份到英国学习先进的军事。他生性好动，有着让人发火的好奇心，他曾乘帆船从英国泰晤士河口出发，历时七个月，航行三万里。他曾对各种问题请教他的同学和导师，给这些人留下了深刻的印象。八年后，东乡平八郎学成回国，成为日本海军界举足轻重的人物。中日甲午海战爆发的前二年（1892年），东乡平八郎凭借高超的军事才能成了日本主力战舰"浪速号"的舰长。1894年年初，朝鲜南部爆发叛乱，朝鲜国王向清政府请求派兵镇压，日本陆军也在朝鲜仁川登陆，声称联合镇压。

那个时候，朝鲜是中国的附属国，中国有权力进入朝鲜，而且中国军队进入朝鲜是被邀请的，可日本进朝鲜，就已是赤裸裸的侵略了。

但当时，清政府不希望和日本开战，于是派遣当时号称世界一流的巡洋舰"平远"号以访问的名义到日本，希望可以威慑日本，让他们不要轻举妄动。

"平远"号到达日本后，的确震慑住了很多日本海军军官，可东乡平八郎却冷静观察，发现了这个庞然大物背后的真相。他向上级指出，纯从军事角度来看，"平远"号的确是势不可挡，但它的政治已腐烂，上面的中国士兵毫无生气，尤其要命的是主炮炮塔的炮管上居然还晾着衣服，东乡平八郎说："舰艇上一定有人养宠物，因为我在舰艇上散步时踩到了一堆狗屎。这样一艘军纪懒散的军舰只能是废铁一块，一旦开战，我大日本国必然胜利。"

东乡平八郎果然未卜先知，1894年7月，中日甲午战争爆发，最终中国战败。

中日甲午战争后，日本决心夺取中国东北地区，不过这一次要实现目标，他们面对的不是残弱不堪的中国，而是身强体壮的俄国。俄国人那时控制着中国东北，想要夺取中国东北，必须打败俄国人。

1900年，慈禧太后认为义和团有神功护体，所以"邀请"八国到中国来一决生死，这就是后来发生的八国联军进北京。当时，八国联军的军舰集结在中国天津大沽口，随时准备登陆。东乡平八郎每天做的一件事就是目不转睛地观察俄国海军的情况。他后来向日本天皇递交了一份可以和俄国开战的报告。报告称："俄国海军是金玉其外，败絮其中，他们军纪涣散，而且用军舰运送步兵和军需品。也就是说，一旦发生战斗，始终充当运输船角色的军舰的战斗力肯定大打折扣，重要的是他们用军舰做运输船说明，他们的运输能力不足。"

最后，他认为，和俄国开战，只要把战场控制在日本周围海域，俄国必败，因为他们长途跋涉，在运输跟不上的情况下必败无疑。

日本政府经过慎重考虑，同意和俄国开战，而东乡平八郎则被任命为此次战争的最高指挥官。1904年2月，日本突然和俄国断交，断交的第二天，东乡平八郎率领他的舰队无声无息地从国内出发，取道朝鲜半岛，直奔中国东北部渤海出海口的俄国海军。

在大多数平庸的军人看来，这是一场不用打就可以分出胜负的战争，俄国海军拥有252艘舰艇，共计80余万吨，其中太平洋舰队拥有60余艘舰艇共计19万吨。而日本海军仅有138艘舰艇，勉强超过26万吨。开战的结果当然是俄国轻而易举的胜利。

俄国舰队最高指挥官马卡罗夫是当时人类海军的一面旗帜，他所著的《海战论》被译成多国文字，成了所有海军军官们的必读书，当时流行一种说法：谁想成为海军司令，就必须读这部经典著作。

马卡罗夫根本没有把东乡平八郎放在眼里，东乡平八郎给他的印象是：小矮个，说话有气无力，走路只看自己脚尖，和日本艺伎差不多。这样一个人，怎么可能指挥一支舰队？

所以当1904年2月8日，东乡平八郎的舰队突然出现在旅顺口外并向停泊在旅顺港内的俄军太平洋分舰队发射鱼雷时，马卡罗夫冷笑。9日上午，东乡平八郎命令重型军舰向旅顺港口发动猛烈的攻击，马卡罗夫命令还击，他的部队凭着大口径舰炮和炮台上的重炮轻易地击退了东乡平八郎的军舰。

进攻的军舰指挥官向东乡平八郎请罪，东乡平八郎说："才刚开始，不必请罪。"

那天晚上，俄国人在庆祝击退日本人时，东乡平八郎小心翼翼地布置战场：在中国旅顺港外围布满了水雷。第二天拂晓，东乡平八郎命令一艘战斗力弱小的舰艇直冲旅顺港。马卡罗夫莫名其妙，认为东乡平八郎是在搞自杀袭击，他不想再缩在旅顺港中，认为进攻就是最好的防守。他命令所有军舰大张旗鼓地出港，深信能把日本的那些小破船统统炸进黄海。

他的部下试图劝阻这种鲁莽，说："日本人在港口外围布置了许多水雷，需要先派扫雷舰扫清水雷。"

马卡罗夫展现了他性格中最鲜明的一面："我们的军舰就是扫雷艇，时不我待，出洞！"

东乡平八郎对他那本《海战论》曾详细解读过，已经了解这位作者的性格和作战方式，所以他坚信第一艘军舰必然是对手的指挥舰。

东乡平八郎命令全军后撤，他这一撤，更让马卡罗夫坚信东乡平八郎这个矮子不过是个女人，所以他要树起榜样作用，冲在最前，一直领着他的舰队冲进了雷区。

显然，马卡罗夫是个急性子，当他冲进雷区时，他才发现这种性格的害处，水雷四处爆炸，把他炸得眼花缭乱。而且东乡平八郎已知道了他所在的军舰，所以集中火力对准他猛轰。在他手足无措时，突然一声巨响，海面上升起一道冲天的水柱，马卡罗夫的指挥舰起火，并且很快爆炸，他本人被炸弹的冲击波掀到了海里，葬身海底。

马卡罗夫的死使得他的舰队立即慌作一团，在慌乱中只想逃命，东乡平八郎不可能允许这种情况发生，他下令他所有的军舰分成几波，集中力量先打对手的大军舰，然后再对付小的。这已不是战争，而是屠杀，俄国只有几艘小军舰狼狈地逃回了旅顺港，他们等待援兵。

东乡平八郎开始他的第二步战略，也是最重要的一步：和俄海军主力一决生死。

在制定和俄国海军主力的作战计划时，东乡平八郎的部下们分成两派：一派认为围城打援，围困旅顺口，到半路上去迎击俄国海军主力；一派则认为应迅速夺下旅顺港口，然后坚守，俄国海军长途而来，后勤无法保障，时间一长，自会撤退。

东乡平八郎说："我们和俄国人还有差距，围城打援不适合，而占据旅顺港口坚守，只是暂时赢得胜利，俄国海军主力一天不灭，危险就一天存在。必须要全歼俄海军主力，才能稳固地占领中国东北。"

东乡平八郎首先放弃旅顺口，把舰队的主力集结在对马海峡北岸的朝鲜镇南湾，进行秘密、紧张的应急训练。然后制订战略计划：在俄国援军抵达海参崴港之前，自己的战舰趁其长途航行、人困马乏而造成战斗力低下时，以逸待劳地痛击之。只要击败了俄国的援军，旅顺口的俄国海军会因为没有救援而投降。

这正是他当年给日本天皇的报告书，那就是，一旦和俄国海军开战，必须要把战场限制在日本海域附近。

不过要俄国人主动来对马海峡，显然不可能。俄国人根本不用权衡就知道救援旅顺港口可以走中国台湾以北的海域，这条路根本不必经过对马海峡。东乡平八郎乞灵于诡计：他把主力隐蔽于对马海峡，派出一些商船伪装成军舰，在中国台湾以北海域大张旗鼓地游弋。这招是故布疑阵，声东击西。

俄国人中计了。

俄国人的38艘军舰和13艘辅助船组成庞大舰队，经过8个月的海上颠沛才到达日本海域。他们已身心俱疲，而且草木皆兵，当他们听说日本主力在中国台湾海域时，马上做出决定：走对马海峡。

1904年5月27日凌晨，突然海面出现了一支庞大的舰队。

显然，这是等了他们8个月的东乡平八郎的海军。双方开战，让罗热斯特文斯目瞪口呆的是，他的对手东乡平八郎突然用违反常规的"敌前大回头"的战术部署，先用一些伤亡代价使日本舰队首先抢占了"T"字横头对舰攻击的有利阵位，然后逼近到一海里内用舰炮的优势猛轰俄国舰队。"敌前大回头"的战术在任何军事教材中都被禁止使用，因为它是自杀式战术，东乡平八郎却正是用了其他军事家想都不敢想的这种自杀战术很快赢得了战场上的主动权。5个小时后，东乡平八郎的海军彻底击溃了罗热斯特文斯的支援舰队，俄国海军从此丧失了他保持多年的地位，旅顺港口的俄国人很快投降，日本人彻底战胜了俄国人，当然很快也就占据了中国东北。

当东乡平八郎在战胜俄国海军回国参加庆功会时，有人问他打仗的秘诀是什么时，他默不作声地掏出一块腰牌，上面写着七个字：一生伏首拜阳明。

已经没有资料证明东乡平八郎是何时学习的王阳明心学，但仅靠这个腰牌就能证明，东乡平八郎对王阳明心学必是下过苦功，而且成绩斐然。

前面我们说过，王阳明心学中的"良知"很适合用兵，"良知"本身就具备"智慧"的成分，所以它能做出正确判断。一旦以良知做下战略部署，就不会更改，始终围绕其而进行。王阳明心学中的"不执"和"打破传统"也是用兵成功的奥妙，东乡平八郎用违反常规的"敌前大回头"战术就是这种思想的最高展示。

东乡平八郎可谓一战成名的名将，有人说他运气好，即使是当时推荐他担任日俄海战的人也说，这个闷葫芦矮冬瓜运气好。恐怕只有东乡平八郎知道，战场上哪里来的运气，他的运气是来自平时对王阳明心学的刻苦钻研和与实践的正确对接。如果非说他是个有运气的人，这个运气就是王阳明心学。

王阳明心学在军事上的价值已被东乡平八郎有力地证明，而在经济管理领域，则被另一位日本人稻盛和夫用令人艳羡的成绩更大程度地验证了。

1959年，27岁的稻盛和夫和8位员工成立了"京都陶瓷"公司（"京瓷"）。他37岁那年，"京瓷"在日本的股票市场上市交易，进入世界500强企业。1984年，稻盛和夫设立电信公司"第二电电"（Daini Denden Inc.，简称DDI，日本大电信公司KDDI株式会社的前身之一）。几年后，DDI微笑着跻身世界500强。这就是稻盛和夫让人惊异的地方，他能把两个公司带入世界500强，而且看上去毫不费力。

实际上，稻盛和夫并不是个聪明人，他应该属于中国儒家所谓的"困知勉行"的人，他在初中、高中、大学考试总是不及格。他一直梦想做医生，但成绩太差，只能到陶瓷厂当个工人。

这样一个人，无论如何都看不出他创造那么大的奇迹，能温饱无忧，就是老天爷保佑了。

那么，到底是什么力量让他有了这样的成绩呢？

答案是：王阳明心学。

稻盛和夫多次声称，他人生中最大的偶像就是中国的王阳明。他说，他是王阳明忠实的信徒，而且正是用王阳明心学这一武器，才让他站到了经营管理的圣坛上。稻盛和夫的心学思想来源于维新豪杰西乡隆盛。稻盛和夫对这位人杰非常推崇，自然而然就爱屋及乌，喜欢上了西乡隆盛的心学笔记《南洲翁遗训》，他常把这本书放在床头："时时翻阅。每每能从中汲取生活道路上的珍贵启示。年纪愈长，经历愈多，从此书获取的教诲愈加铭刻于心。"

他到底汲取到了王阳明心学的哪些能量呢？

答案是两个字：良知。"良知"在西乡隆盛那里被演绎成敬天爱人，稻盛和夫做了如下解释："敬天爱人：敬畏上天，关爱众人。所谓'敬天'，就是依循自然之理、人间之正道——亦即天道，与人为善，换言之，就是坚持正确的做人之道；所谓'爱人'，就是摈弃一己私欲，体恤他人，持利他之心。"

也就是说，要坚持正确的做人之道，摈弃一己私欲，体恤他人。或者说，做一件事应该问良知，做这件事是否有私欲。

稻盛和夫在创建DDI之前，日本开放电讯业，他敏锐地意识到这是千载难逢的机会。不过他马上克制住了自己，仔细审视自己的动机：自己为什么要进入这个行业，是为了赚钱还是为了祖国崛起？是为了扬名立万还是为了解决当时大多数人的失业？

稻盛和夫后来说，经过半年的这种扪心自问，他断定自己没有私心邪念，于是，他洒脱地创建了DDI公司。

几年后，DDI大获成功。有人问DDI成功的奥秘，稻盛和夫回答："是希望有益于国民的、无私的动机才带来这样的成功。"他后来又详细总结道："你做的什么是正确的，你的良知一目了然，因为人有本能、有欲望，妨碍着你不能正确判断事物，用私心来判断，你肯定不能得出正确的判断，即使成功也是一时的成功。你要有宽阔的视野，摆脱束缚。你办企业，不仅要考虑自己的利益，也要考虑员工的利益、客户的利益、社会的利益，那么员工就会认同你，你对员工严格要求他也能接受。"

出于对良知的领悟，稻盛和夫曾提出这样一个经营管理哲学观点：作为人，何谓正确？

很多专家都对稻盛和夫创建的两家公司的成功做过总结，认为京瓷公司的成功是靠了先进的技术，赶上了经济大潮，而稻盛和夫说："不是这样的。我认为京瓷之所以成功，是因为京瓷经营判断的基准，不是'作为京瓷，何谓正确'，更不是'作为经营者的我个人，何谓正确'，而是'作为人，何谓正确'。因为它具有了普遍性，就可以与全体员工所共有。我认为京瓷成功的原因就在这里，除此之外，没有别的原因。"

他对两家公司成功的总结最具王阳明心学特点的是下面这段话："当初尚未意识到'灵魂'的存在，只是觉得仅仅依靠出自'本能'的损益算计，或仅凭'感觉''感情'，乃至'理性'，来判断事物，做出决定，仍是不够的。最终必须以藏在'灵魂'深处的'是非对错、好坏善恶'作判断基准，这就是原理原则。京瓷和DDI有今天的局面，说到底，就凭这一点，并不复杂，更无高深莫测的东西。"

最后，也是最重要的，稻盛和夫从王阳明那里得到的知行合一的经营管理思想："无论你读过、听过多么好的道理，不亲身实践就毫无意义。为提高心性，到圣贤们的著作中寻求真理，乍一看，尽是理所当然的、太简单的道理，很多人往往用头脑理解后，就自以为已经掌握了，已成了自己的东西了，其实不然，他们并没有真懂，因为他们不想将这些真理付诸实践。"

王阳明和他的心学以及他日后的那些门徒，在人类历史上注定要被永远铭记，即使这门学说不会成为显学，也不会广泛流传，它仍然会比人类的历史长远。因为它本身就是一个拥有五花八门秘密武器的巨大宝库，各种各样的人都能在这里找到他获得成功的武器。

更重要的一点是，王阳明心学的终极思想"良知"本身就在我们身上，所以，王阳明心学的命运就是我们每个人的命运，只要我们存在，王阳明心学就存在。因为但凡是个人，就不可能抛弃他的良知！

附 录
《大学》——阳明心学的源泉

你可以不读儒家经典四书(《大学》《中庸》《论语》《孟子》)之首的《大学》,但如果你想无死角地了解阳明心学,那么王阳明注解、诠释的《大学》就非读不可。原因很简单,《大学》是阳明心学的源泉,所有心学理论和心学最重要的思想都在王阳明注解、诠释的《大学》中。

它并不好读,可你必须要读,正如我们学习造句,要先学字、词一样。它是阳明心学的基石,没有这块石头,你永不可能站得高,从而登堂入室。

首先,《大学古本傍释》是王阳明对大学的注释,虽未逐句注释,但若能明白阳明心学"良知"主旨,便可一以贯之。我们现在进入正题。

《大学》原文

大学之道，在明明德，在亲民，在止于至善。知止而后有定，定而后能静，静而后能安，安而后能虑，虑而后能得。物有本末，事有终始，知所先后，则近道矣。

译文

大学的宗旨，是彰显、输出最有效力的道德，真心实意地亲近自己的百姓，止于良知所指引的中庸之点。知道中庸之点后，就明白追求万事万物只在我心，这就是定向；定向坚定不移后，就能安静冷静平静；三静之后则能有强大的安全感；有了安全感才可心无旁骛地思虑；在这种思虑下，没有不能收获的理由。天地万物都有根本有枝末，任何一件事都有开始有终结。若能明白这本末始终之理，就和"道"非常接近了。

王阳明在这段话后面注释道："明明德、亲民，犹修己安百姓。明德、亲民无他，惟在止于至善，尽其心之本体，谓之止至善。至善者，心之本体；知至善，惟在于吾心，则求之有定向。"

意思是，彰显道德其实就是向百姓输出了道德，真心实意亲近自己的百姓，其实就是修身安百姓。修身安百姓的前提就是按良知的指引止于不偏不倚的位置，良知是我们心的本体，要找到修身安百姓不偏不倚的位置，不必外求，只求于我心，这就是有定向。

注意这个"知止而后有定"的"定"，一般解释是志向，做厨子、做杀手也是志向。而王阳明认为，这个"定"实际上指的就是定向，唯一的方向：吾心之良知。

《大学》原文

古之欲明明德于天下者，先治其国；欲治其国者，先齐其家；欲齐其家者，先修其身；欲修其身者，先正其心；欲正其心者，先诚其意；欲诚其意者，先致其知；致知在格物。

物格而后知至，知至而后意诚，意诚而后心正，心正而后身修，身修而后家齐，家齐而后国治，国治而后天下平。

译文

古代那些要想在天下彰显、输出光明正大品德的人，首先是治理好自己的国家；要想治理好自己的国家，先要管理好自己的家庭和家族；要想管理好自己的家庭和家族，先要修养自身的品性；要想修养自身的品性，先要端正自己的心思；要想端正自己的心思，先要使自己的念头真诚；要想使自己的念头真诚，先要使自己的良知光明；光明良知的途径就是到事物上去正念头。

在事物上正了念头，才能光明良知；光明良知念头才能真诚；念头真诚后心思才可端正；心思端正后才能修养品性；品性修养后才能管理好家庭和家族；管理好家庭和家族后才能治理好国家；治理好国家后天下就可太平。

王阳明的注释如下："明明德天下，犹尧典'克明俊德，以亲九族'，至'协和万邦'。心者身之主，意者心之发，知者意之体，物者意之用。如意用于事亲，即事亲之事格之，必尽夫天理，则吾事亲之良知无私与之间而得以致其极。知致，则意无所欺而诚矣；意诚，则心无所放而可正矣。格物如格君之格，是正其不正以归于正。"

意思是，《大学》中的"明明德"，就是《尧典》中的"光明、输出自己的良知，让整个家族都亲睦融合"，最后到达"各国团结，天下太平"。心，是身体的主人，意由心发，良知掌控着意的善恶，事则是意的用武之地。比如意用于事亲，那事亲就是一事，只须在事亲这件事上正意，如此，则必会达到天理境界。因为我们是用良知（心）在正意，心即理。用了良知，则意必真诚无伪；意真诚无伪，良知就光明了。格物的"格"是正的意思，正其不正以归于正。

注意，良知知意之善恶，而唯有光明者才会去正意之善恶，然后行动。良知昏暗者，虽能知意之善恶，却不行，毫无意义。

《大学》原文

自天子以至于庶人，一是皆以修身为本。其本乱而末治者，否矣；其所厚者薄，而其所薄者厚，未之有也。此谓知本，此谓知之至也。

译文

上到天子，下至平民百姓，都要以修身为本。若这个根本被扰乱，家庭、家族、国家、天下要治理好是绝无可能的。不分轻重缓急、本末倒置却想做好事情，更是天方夜谭。这就是人间大道，也是良知告诉我们的。

王阳明注释道："其本则在修身。知修身为本，斯谓知本，斯谓知之至。然非实能修其身者，未可谓之修身也。"

意思是，做人之根本就在于修身。知道修身为本，才是真的知本，才是真的知良知。但不是知道修身为本就是修身了，必须要去行，才可谓修身。

《大学》原文

所谓"诚其意"者,毋自欺也。如恶恶臭,如好好色,此之谓自谦。故君子必慎其独也。小人闲居为不善,无所不至;见君子而后厌然,掩其不善而善其善;人之视己,如见其肝肺然,则何益矣?

译文

诚意是什么意思呢?就是不要欺骗自己。正如厌恶恶臭一样,如喜欢美色一样,只有这样才能说自己的意念诚实、心安理得。所以君子修身第一要务就是独处时小心谨慎自己的念头。至于那些没有道德修养的小人,(他们)在闲居独处时,什么坏事都做。当他们见到那些有道德修养的人,却又躲躲藏藏企图掩盖所做的坏事,装出一副似乎做过好事的模样,设法显示自己的美德。其实大家都有良知,所以眼睛是雪亮的,早就看透这些坏人坏事,如同见到他们的五脏六腑一样,那么这种隐恶扬善的做法,又有什么益处?

王阳明注释道:"诚意只是慎独工夫,在格物上用,犹《中庸》之'戒惧'也。君子小人之分,只是能诚意与不能诚意。"

意思一目了然:独处时谨慎自己念头的方法就是诚意,在事情上用诚意时,则是《中庸》所说的"时刻警惕不可欺骗自己"的意思。君子和小人的分别无他,只是不欺骗自己和欺骗自己而已。

《大学》原文

此谓诚于中,形于外。故君子必慎其独也。

译文

人的心里有什么样的实际德性,外表就必然会有什么样的言行表现。所以有道德修养的人都在独处时诚意。

王阳明注释道:此犹《中庸》之"莫见莫显"。

"莫见莫显"全文是:"莫见乎隐,莫显乎微。"意为,幽暗之中,细微之事,迹虽未形而几则动,人虽不知而己独知,遏人欲于将萌,而不使其滋长于隐微只中,谨言慎行,追求良知。

《大学》原文

曾子曰:"十目所视,十指所指,其严乎!"

译文

曾子说:"一个人若被许多双眼睛注视着,被许多只手指点着,这难道不是极端可怕的事吗!"

王阳明的注释是:"言此未足为严,以见独之严也。"

意思是,一个人混到这种地步,真是极端可怕,这也足见独处时诚意是件非常严肃的事。如果不能做到独处时诚意,那就会肆无忌惮,而被无数双眼睛注视,被无数只手指指点点,最终将会达到"千夫所指,无疾而终"的境界。

《大学》原文

富润屋,德润身,心广体胖。故君子必诚其意。

译文

财富可以把房屋精装修，让人赏心悦目；美好的道德可以把身心精装修，让人思想高尚；心胸坦荡，身体自然安适。若想达到这一境界，非要诚意不可。

王阳明的注释是："诚意工夫实下手处惟格物，此下言格致。"

意思是，诚意非去事上磨炼不可，《大学》下面的内容开始说"格物致知"之事。

《大学》原文

《诗》云："瞻彼淇澳，绿竹猗猗；有匪君子，如切如磋，如琢如磨；瑟兮僩（xiàn）兮，赫兮咺（xuān）兮；有匪君子，终不可谖（xuān）兮。"

译文

《诗经》说："看那淇水蜿蜒之岸边，嫩绿竹子郁郁葱葱。一位文质彬彬君子，研究学问如加工骨器不断切磋；修炼自己像打磨美玉反复琢磨。他庄重不失开朗，仪表堂堂。这样一个文质彬彬君子，让人终生难忘。"

"像加工骨器，不断切磋"，是指做学问的热忱态度；"像打磨美玉，反复琢磨"，是指自我修炼的精神；说他"庄重而开朗"，是指他内心谨慎而有所戒惧；说他"仪表堂堂"，是指他非常庄重；说"这样一个文质彬彬的君子，让人无法忘记"是指由于他品德非常高尚，达到了最完善的境界，所以使人难以忘怀。这样一段话，王阳明如何注释的呢?

王阳明注释道:"惟以诚意为主,而用格物之工。"

这句注释让人乍看琢磨不透,王阳明的本意是,无论是做学问的态度还是自我修炼的精神,或者是内心的谨慎以及外表的庄重,都是以诚意为灵魂修炼的结果。没有诚意,这些就不可能存在。

《大学》原文

如切如磋者,道学也;如琢如磨者,自修也;瑟兮僩兮者,恂栗也。

译文

如切如磋,学问;如琢如磨,道德;庄重、仪表堂堂则让人望而生敬。

王阳明注释道:正是《中庸》所谓的"道问学""尊德性"。

《大学》原文

赫兮喧兮者,威仪也;

译文

威仪让人敬畏。

王阳明注释道:就是《中庸》所说的"齐明盛服"。祭祀前斋戒沐浴,以清洁身心。

《大学》原文

"有匪君子，终不可谖兮者"，道盛德至善，民之不能忘也。

译文

这样的君子道德至上，良知光明，百姓永不会忘记他。

王阳明注释道："格致以诚其意，则明德止于至善，而亲民之功亦在其中矣。"

意思是，良知光明了，以良知去亲民，则功业唾手可得，良知就在亲民中流动。

《大学》原文

《诗》云："于戏！前王不忘。"君子贤其贤而亲其亲，小人乐其乐而利其利，此以没世不忘也。

译文

《诗经》说："啊呀，前代的君王真使人难忘啊！"这是因为君主贵族们能以前代的君王为榜样，尊重贤人，亲近亲族，一般平民百姓也都蒙受恩泽，享受安乐，获得利益。所以，虽然前代君王已经去世，但人们还是怀念他们。

王阳明注释道："明德、亲民只是一事。亲民之功至于如此，亦不过自用其明德而已。"

意思是，良知和亲近百姓只是一事，亲近百姓就是良知，良知必然可亲近百姓。建立了亲民之功的人，不过是致良知而已。

《大学》原文

《康诰》曰:"克明德。"大甲曰:"顾諟天之明命。"《帝典》曰:"克明峻德。"皆自明也。

译文

《康诰》说:"能够弘扬、输出光明的良知。"《太甲》说:"念念不忘这上天赋予的良知。"《尧典》说:"能够弘扬美好的良知。"这些都是说要自己弘扬、输出良知。

王阳明注释道:"又说归身上。自明不已,即所以为亲民。"

意思是,亲民实际上还是从自己身上着手,着手的诀窍就是致良知。

《大学》原文

汤之盘铭曰:"苟日新,日日新,又日新。"《康诰》曰:"作新民。"《诗》曰:"周虽旧邦,其命维新。"是故,君子无所不用其极。

译文

商汤王刻在洗澡盆上的箴言说:"如果能够做到一天自新,就应保持天天自新,并且坚持下去。"《康诰》说:"激励人弃旧图新。"《诗经》说:"周朝虽然是旧的国家,却禀受了新的天命。"所以,品德高尚的人无处不致良知。

王阳明注释道:"孟子告滕文公养民之政,引此诗云:'子力行之,亦以新子之国。'君子之明德亲民岂有他哉?一皆求止于至善而已。"

亲民无非就是致良知。

《大学》原文

《诗》云:"邦畿千里,惟民所止。"诗云:"缗蛮黄鸟,止于丘隅。"子曰:"于止,知其所止,可以人而不如鸟乎?"

译文

《诗经》说:"京城及其周围,都是老百姓向往的地方。"《诗经》又说:"鸣叫着的黄鸟,栖息在山冈上。"孔子说:"连黄鸟都知道它该栖息在什么地方,难道人还不如一只鸟儿吗?"

王阳明注释道:"止于至善岂外求哉?惟求之吾身而已。求之吾身而已。"

黄鸟知道它应该栖息在山冈,是黄鸟"致良知",人不致良知,不知进止,岂非不如一只鸟?

《大学》原文

《诗》云:"穆穆文王,于缉熙敬止。"为人君,止于仁;为人臣,止于敬;为人子,止于孝;为人父,止于慈;与国人交,止于信。

译文

《诗经》说:"品德高尚的文王啊,为人光明磊落,做事始终庄重谨慎。"做国君的,要做到仁爱;做臣子的,要做到恭敬;做子女的,要做到孝顺;做父亲的,要做到慈爱;与他人交往,要做到讲信用。

王阳明注释道："又说回在自己身上用功。"

《大学》原文

子曰:"听讼,吾犹人也。必也使无讼乎!"无情者不得尽其辞,大畏民志:此谓知本。

译文

孔子说:"听诉讼审理案子,我也和别人一样,目的在于使诉讼不再发生。"使隐瞒真实情况的人不敢花言巧语,使人心畏服,这就叫作抓住了根本。

王阳明注释道:"又即亲民中听讼一事,要其极,亦皆本于明德,则信乎以修身为本矣。又说归身上。"

意思是,诉讼一事也出于良知,归根结底还是说的修身。

《大学》原文

所谓"修身在正其心"者,身有所忿懥(zhì),则不得其正;有所恐惧,则不得其正;有所好乐,则不得其正;有所忧患,则不得其正。心不在焉:视而不见,听而不闻,食而不知其味。此谓"修身在正其心"。

译文

所谓"修养自身在于端正心智"的意思是这样的:如果心中有怨恨,就得不到中正;有所恐惧,就得不到中正;有所喜好,就得不到中正;有所忧患,就得不到中正。如果心思不在应在的地方,那么虽然眼睛在看，却什么也看不见；虽然耳朵在听，却什么也听不见；虽然在吃东西，却品尝不出什么滋味。这就是所谓的修养品德首先在于端正思想。

王阳明注释道："修身工夫只是诚意。就诚意中体当自己心体，常令廓然大公，便是正心。此犹《中庸》'未发之中'。正心之功，既不可滞于有，又不可堕于无。"

王阳明的意思是，修身在正心，而心有良知，无有不正，所以我们正的其实是意，也就是不要欺骗自己，让我们自己的意念（念头）变得真诚。正心之功，就是诚意之功。

《大学》原文

所谓"齐其家在修其身"者，人之其所亲爱而辟焉，之其所贱恶而辟焉，之其所畏敬而辟焉，之其所哀矜而辟焉，之其所敖惰而辟焉。故好而知其恶，恶而知其美者，天下鲜矣。故谚有之曰："人莫知其子之恶，莫知其苗之硕。"此谓身不修，不可以齐其家。

译文

所谓"管理好家族在于修养自身品德"的意思是这样的：人们对于自己所亲爱的人往往会偏爱，人们对于自己所厌恶的人往往会偏恶，人们对于自己所敬畏的人往往会偏敬，人们对于自己所同情的人往往会偏护，人们对于自己所轻视的人往往会偏轻。因此，喜欢一个人而知道他的缺点，讨厌一个人而了解他的长处，这样的人天下少有。所以有句俗语这么说："人们没有知道自己孩子的缺点的，没有觉得自己禾苗的丰美的。"这就是说不修养自身品德，就不能够整治好家族。

王阳明注释道:"人之心体惟不能廓然大公,是以随其情之所发而碎焉。此犹'中节之和'。能廓然大公而随物顺应者,鲜矣。"

意思是,一个人一旦良知被遮蔽,其所发出的意就有了善恶之分,就不是良知本体,真能良知光明,能无善无恶的人少之又少。这就要求我们在做事,比如齐家之前,必须先修身,而修身就是诚意。

《大学》原文

所谓"治国必先齐家"者,其家不可教,而能教人者,无之。故君子不出家,而成教于国。

译文

所谓"治好国家必先处理好家族关系"的意思是,如果连自己的家族关系都处理不好,而想去管教好别人,这是不可能的。所以,有道德修养的君子,在家里也能够实行治理邦国教化的成效。

王阳明的注释是:"又说归自己身上。亲民只是诚意。"

意思是,治国的方法无他,只是亲民,而亲民只是诚意。

《大学》原文

孝者,所以事君也;弟者,所以事长也;慈者,所以使众也。《康诰》曰:"如保赤子。"心诚求之,虽不中,不远矣。未有学养子而后嫁者也。一家仁,一国兴仁;一家让,一国兴让;一人贪戾,一国作乱。其机如此。此谓一言偾事,一人定国。

尧舜率天下以仁,而民从之;桀纣率天下以暴,而民从之。其所令,反其所好,而民不从。是故君子有诸己,而后求诸人;无诸己,而后非诸人。所藏乎身不恕，而能喻诸人者，未之有也。故治国在齐其家。

《诗》云："桃之夭夭，其叶蓁蓁，之子于归，宜其家人。"宜其家人，而后可以教国人。《诗》云："宜兄宜弟。"宜兄宜弟，而后可以教国人。《诗》云："其仪不忒，正是四国。"其为父子兄弟足法，而后民法之也。此谓治国在齐其家。

译文

对父母的孝顺可以用于侍奉君主；对兄长的恭敬可以用于侍奉官长；对子女的慈爱可以用于统治民众。《康诰》说："如同爱护婴儿一样。"内心真诚地去追求，即使达不到目标，也不会相差太远。要知道，没有先学会了养孩子再去出嫁的人啊！一家仁爱，一国也会兴起仁爱；一家礼让，一国也会兴起礼让；一人贪婪暴戾，一国就会犯上作乱。其联系就是这样紧密。这就叫作：一句话就会坏事，一个人就能安定国家。

尧舜用仁爱统治天下，老百姓就跟随着仁爱；桀纣用凶暴统治天下，老百姓就跟随着凶暴。统治者的命令与自己的实际做法相反，老百姓是不会服从的。所以，品德高尚的人，总是自己先做到，然后才要求别人做到；自己先不这样做，然后才要求别人不这样做。不采取这种推己及人的恕道而想让别人按自己的意思去做，那是不可能的。所以，要治理国家必须先管理好自己的家庭和家族。

《诗经》说："桃花鲜美，树叶茂密，这个姑娘出嫁了，让全家人都和睦。"让全家人都和睦，然后才能够让一国的人都和睦。《诗经》说："兄弟和睦。"兄弟和睦了，然后才能够让一国的人都和睦。《诗经》说："容貌举止庄重严肃，成为四方国家的表率。"只有当一个人无论是作为父亲、儿子还是兄弟时都值得人效法时，老百姓才会去效法他。这就是要治理国家必须先管理好家庭和家族的道理。

王阳明对这段话没有注释。

以阳明学理论来看，这一大段话的意思是，治理国家的基础是先管理好家庭，管理好家庭的基础是修身，最终又归结到诚意上。只要你诚意，天下则诚意，最终达到人人可致良知的境界。

《大学》原文

所谓平天下在治其国者，上老老，而民兴孝；上长长，而民兴弟；上恤孤，而民不倍。是以君子有絜矩之道也。所恶于上，毋以使下；所恶于下，毋以事上。所恶于前，毋以先后；所恶于后，毋以从前。所恶于右，毋以交于左；所恶于左，毋以交于右。此之谓絜矩之道。

译文

之所以说平定天下要治理好自己的国家，是因为，在上位的人尊敬老人，老百姓就会孝顺自己的父母；在上位的人尊重长辈，老百姓就会尊重自己的兄长；在上位的人体恤救济孤儿，老百姓也会同样跟着去做。所以，品德高尚的人总是实行以身作则，推己及人的"絜矩之道"。如果厌恶上司对你的某种行为，就不要用这种行为去对待你的下属；如果厌恶下属对你的某种行为，就不要用这种行为去对待你的上司。如果厌恶在你前面的人对你的某种行为，就不要用这种行为去对待在你后面的人；如果厌恶在你后面的人对你的某种行为，就不要用这种行为去对待在你前面的人。如果厌恶在你右边的人对你的某种行为，就不要用这种行为去对待在你左边的人；如果厌恶在你左边的人对你的某种行为，就不要用这种行为去对待在你右边的人。这就叫作"絜矩之道"。

王阳明注释曰："又说归身上。工夫只是诚意。"

连平天下这样的伟大事业，其实只需要诚意就可以。这说明两个问题：平天下没有那么难；诚意没有那么简单。

《大学》原文

《诗》云："乐只君子，民之父母。"民之所好好之，民之所恶恶之，此之谓民之父母。《诗》云："节彼南山，维石岩岩；赫赫师尹，民具尔瞻。"

有国者不可以不慎，辟则为天下僇矣！

译文

《诗经》说："使人心悦诚服的国君啊，是老百姓的父母。"老百姓喜欢的他也喜欢，老百姓厌恶的他也厌恶，这样的国君就可以说是老百姓的父母了。《诗经》说："巍峨的南山啊，岩石耸立。显赫的尹太师啊，百姓都仰重着你。"统治国家的人不可不谨慎，稍有偏颇，就会被天下人推翻。

王阳明注释道："惟系一人之身。"

一个人做出丰功伟业或是成为道德圣人，决定点不在天时地利人和，也不在兵强马壮，只在我们一身，只在我们心上。

《大学》原文

《诗》云:"殷之未丧师,克配上帝;仪监于殷,峻命不易。"道得众,则得国;失众,则失国。是故君子先慎乎德。

译文

《诗经》说:"殷朝没有丧失民心的时候,还是能够与上天的要求相符的。请用殷朝作个借鉴吧,守住天命并不是一件容易的事。"这就是说,得到民心就能得到国家,失去民心就会失去国家。所以,品德高尚的人首先注重修养德行。

王阳明注释道:"身修则能得众。又说归身上,修身为本。"
意思是,只要你诚意,以修身为本,那你就是块力量巨大的磁场,能吸引天地万物前来。

《大学》原文

有德此有人,有人此有土,有土此有财,有财此有用。德者,本也;财者,末也。外本内末,争民施夺。是故财聚则民散,财散则民聚。是故言悖而出者,亦悖而入;货悖而入者,亦悖而出。

译文

有德行才会有人拥护,有人拥护才能保有土地,有土地才会有财富,有财富才能供给使用。德是根本,财是枝末。假如把根本当成了外在的东西,却把枝末当成了内在的根本,那就会和老百姓争夺利益。所以,君王聚财敛货,民心就会失散;君王散财于民,民心就会聚在一起。这正如你说话不讲道理,人家也会用不讲道理的话来回答你；财货来路不明不白，总有一天也会不明不白地失去。

王阳明没有注释。

从阳明学理论看，德是根本，财是枝叶。根本的德就是良知，光明良知就是诚意。

《大学》原文

《康诰》曰："惟命不于常。"道善则得之，不善则失之矣。

译文

《康诰》说："天道命运是不会始终如一的。"这就是说，行善道便会得到天命，不行善便会失去天命。

王阳明注释曰："惟在此心之善否。善人只是全其心之本体者。"

意思是，光明良知不可能一劳永逸，要时刻光明良知，今日行一善，就是致良知，明日行一恶，就是不能致良知。

《大学》原文

《楚书》曰："楚国无以为宝，惟善以为宝。"舅犯曰："亡人无以为宝，仁亲以为宝。"

《秦誓》曰："若有一个臣，断断兮，无他技；其心休休焉，其如有容焉。人之有技，若己有之；人之彦圣，其心好之，不啻若自其口出。能容之，以能保我子孙黎民，尚亦有利哉！"

译文

《楚书》说:"楚国没什么宝贝,只是把善当作宝。"舅犯说:"流亡在外的人没什么宝贝,只是把仁爱当作宝。"

《秦誓》说:"如果有这样一位大臣,忠诚老实,虽然没有什么特别的本领,但他心胸宽广,有容人的肚量。别人有本领,就如同他自己有一样;别人德才兼备,他心悦诚服,不只是在口头上表示,而是打心眼里赞赏。用这种人,是可以保护我的子孙和百姓的,是可以为他们造福的啊!"

王阳明注释曰:"此是能诚意者。"

怎样才算是个能诚意的人呢?忠诚老实、心胸宽广,有容人的度量,最关键的是能以天地万物为一体:别人有本领,就如同他自己有一样;别人德才兼备,他心悦诚服,不只是在口头上表示,而是打心眼里赞赏。

《大学》原文

"人之有技,媢(mào)疾以恶之;人之彦圣,而违之俾不通。寔不能容,以不能保我子孙黎民,亦曰殆哉!"

译文

"相反,如果别人有本领,他就妒忌、厌恶;别人德才兼备,他便想方设法压制、排挤,无论如何容忍不得。用这种人,不仅不能保护我的子孙和百姓,而且可以说是危险得很!"

王阳明注释道:"是不能诚意者。"

知道什么是诚意，它的反面就是不诚意了。

《大学》原文
唯仁人放流之。

译文
因此，有仁德的人会把这种容不得人的人流放。

王阳明注释曰："是不能诚意者。"
对于那些不能诚意的人，坚决要惩罚：流放。

《大学》原文
"迸诸四夷，不与同中国。"此谓惟仁人为能爱人，能恶人。见贤而不能举，举而不能先，命也；见不善而不能退，退而不能远，过也。好人之所恶，恶人之所好，是谓拂人之性，必逮夫身。是故君子有大道：必忠信以得之，骄泰以失之。

译文
"把他们驱逐到蛮荒的四夷之地，不让他们同住在国中。"这说明，有德的人爱憎分明。发现贤才而不能选拔，选拔了而不能重用，这是轻慢；发现恶人而不能驱逐，驱逐而不能把他驱逐得远远的，这是过错。喜欢众人所厌恶的，厌恶众人所喜欢的，这是违背人的本性，灾难必定要落到自己身上。所以，仁人君子有着为政的基本准则可以遵循：必定要依靠忠信获得天下；必定是由于骄横傲慢失去一切。

王阳明对这段没有注解。

王阳明曾说，良知是有发源，有层次，有阶段性的。你的亲人和一个陌生人掉进水里，按良知的意思，你先救的应该是亲人，而不是陌生人。爱憎分明就是致良知，对善要有春天般的温暖，对恶要有秋风扫落叶般的冷酷无情。

《大学》原文

生财有大道：生之者众，食之者寡；为之者疾，用之者舒，则财恒足矣。仁者以财发身，不仁者以身发财。未有上仁，而下不好义者也；未有好义，其事不终者也；未有府库财，非其财者也。孟献子曰："畜马乘，不察于鸡豚；伐冰之家，不畜牛羊；百乘之家，不畜聚敛之臣；与其有聚敛之臣，宁有盗臣。"此谓国不以利为利，以义为利也。长国家务财用者，必自小人矣；彼为善之，小人之使为国家，菑害并至，虽有善者，亦无如之何矣。此谓"国不以利为利，以义为利"也。

译文

财富之道应是这样的：生产的人多，消费的人少；生产的人勤奋，消费的人节省。这样，财富便会经常充足。仁爱的人仗义疏财以修养自身的德行，不仁的人不惜以生命为代价去敛钱发财。没有在上位的人喜爱仁德，而在下位的人不喜爱忠义的；没有喜爱忠义而做事却半途而废的；没有国库里的财物不是属于国君的。孟献子说："能以四匹马拉车的士大夫之家，就不需再去养鸡养猪；祭祀能享用冰的卿大夫家，就不要再去养牛养羊；拥有一百辆兵车的诸侯之家，就不要去收养搜刮民财的家臣。与其有搜刮民财的家臣，不如有偷盗东西的家臣。"这意思是说，一个国家不应该以财货为利益，而应该以仁义为利益。做了国君却还一心想着聚敛财货，这必然是有小人在诱导；而那国君还以为这些小人是好人，让他们去处理国家大事，结果是天灾人祸一齐降临。这时虽有贤能的人，却也没有办法挽救了。所以，一个国家不应该以财货为利益，而应该以仁义为利益。

这就是王阳明著作的《大学古本傍释》，最值得我们注意的是，"诚意"在这里多次被提及。而实际上，王阳明心学归根结底不过就这两个字——诚意！

最值得我们注意的是，诚意是诚自家心意，而不是他家的。也就是说，我们首先和关键要做到的是诚自己的意，思想、做事先要对自己的念头真诚无欺，如此才能问心无愧，才能以此心去对待别人。而这个对待别人里，未必非要诚意。王阳明告诉我们，倘若我们对任何人都讲诚意、诚信，那就不是致良知，而是爱憎不分。如果真是这样，那王阳明那些剿匪功绩从何谈起？

再来看《大学问》，前面我们提到过，王阳明本不想将《大学问》以书面形式流传下来，架不住弟子们的委婉劝说，终于留下这一心学入门课。

首先将和我们有关的《大学》的内容放在这里：

> 《大学》之道，在明明德，在亲民，在止于至善。知止而后有定，定而后能静，静而后能安，安而后能虑，虑而后能得。物有本末，事有终始，知所先后，则近道矣。古之欲明明德于天下者，先治其国；欲治其国者，先齐其家；欲齐

其家者，先修其身；欲修其身者，先正其心；欲正其心者，先诚其意；欲诚其意者，先致其知。致知在格物，物格而后知至，知至而后意诚，意诚而后心正，心正而后身修，身修而后家齐，家齐而后国治，国治而后天下平。

有弟子问王阳明："《大学》一书，过去的儒家学者认为是有关'大人'的学问。我冒昧地向您请教，'大人'学问的重点为什么在于'明明德'呢？"

这段话的意思是，《大学》是论述士大夫通过广泛学习，获取可以用来从政做官的学识和本领的一篇文章。学的目的就是为治理国家，并显示自己光明品德。古典儒家和朱熹认为，"大人"就是获得治理国家能力和光明自己品德的人。

王阳明的回答是："所谓'大人'，就是以天地万物为一体的那种人。他们把天下人看成是一家人，把所有中国人看作一个人。倘若有人按照形体来区分你和我，这类人就是与'大人'相对的'小人'。'大人'能够把天地万物当作一个整体，并非是他们有意这样认为的，实在是他们心中的仁德本来就是这样，这种仁德跟天地万物是一个整体。实际上，不仅仅是'大人'会如此，就是'小人'的心也是这样的，问题就在于，他们自己把自己当作'小人'罢了。为什么这样说呢？任何一个人看到一个小孩儿要掉进井里时，必会自然而然地升起害怕和同情之心，这说明，他的仁德跟孩子是一体的。或许有人会说，哎哟，那孩子是人类，所以才有害怕和同情的心。可是当他看到飞禽和走兽发出悲哀的鸣叫或因恐惧而颤抖时，也肯定会产生不忍心听闻或看下去的心情，飞禽走兽不是人类，他仍有这样的心情，这说明他的仁德跟飞禽和走兽是一体的。或许有人又要问：飞禽和走兽是有灵性的动物，如果他看到花草和树木被践踏和折断时呢？我确信，他也必然会产生怜悯体恤的心情，这就是说他的仁德跟花草树木是一体的。又有人说，花草树木是有生机的植物，如果当他看到砖瓦石板被摔坏或砸碎时呢？我仍然确信，他也肯定会产生惋惜的心情，这就足以说明他的仁德跟砖瓦石板也是一体的。这就是万物一体的那种性德，即使在'小人'的心中，这种性德也是存在的。那么，这种性德是怎么来的呢？这个问题无须证明，它与生俱来，自然光明而不暗昧，所以被称做'明德'。只不过'小人'的心已经被分隔而变得狭隘卑陋了，然而他那万物一体的仁德还能像这样正常显露而不是黯然失色，这是因为他的心处于没有被欲望驱使、没有被私利蒙蔽的时候。待到他的心被欲望驱使、被私利蒙蔽、利害产生了冲突、愤怒溢于言表时，他就会损物害人、无所不用其极，甚至连自己的亲人也会残害，在这种时候，他那内心本具的万物一体仁德就彻底被遮蔽。

"所以说在没有私欲障蔽的时候，虽然是'小人'的心，它那万物一体的仁德跟'大人'也是一样的；一旦有了私欲的障蔽，虽然是'大人'的心，也会像'小人'之心那样被分隔而变得狭隘卑陋。所以说致力于'大人'学养的人，也只是做祛除私欲的障蔽、彰显光明的德性、恢复那天地万物一体的本然仁德功夫而已。根本不必在本体的外面去增加或减少任何东西。"

这段话的意思是，人人都有良知，与生俱来，不必外求。一个有良知的人不会去杀戮同类，也不会去残害飞禽走兽，更不会践踏草木瓦石，因为有良知的人把天地万物都当成自己的一部分。而那些杀戮同类、残害飞禽走兽、践踏草木瓦石的人不是没有良知，而是良知被遮蔽了。于是，每个人最迫切要做的事就是不要让自己的良知被遮蔽，所以说"光明自己的良知"（明明德）很重要。

弟子接着又问："'明明德'确实很重要，可是为什么又强调'亲民'呢？"

王阳明的回答是："'明明德'是要倡立天地万物一体的本体；'亲民'（关怀爱护民众）是天地万物一体原则的自然运用。所以，'明明德'必然体现在亲爱民众上，而只有亲民才能彰显出光明的德性。所以爱我自己父亲的同时也兼爱他人的父亲，以及天下所有人的父亲。做到这一点后，我心中的仁德才能真实地同我父亲、别人的父亲以及天下所有人的父亲成为一体。真实地成为一体后，孝敬父母（孝）的光明德性才开始彰显出来。爱我的兄弟，也爱别人的兄弟，以及天下所有人的兄弟，做到这一点后，我心中的仁德才能真实地同我兄弟、他兄弟以及天下所有人的兄弟成为一体。真实地成为一体后，尊兄爱弟（悌）的光明德性才开始彰显出来。对于君臣、夫妇、朋友以至于山川鬼神、鸟兽草木也是一样，若没有不去真实地爱他们，以此来达到我的万物一体的仁德，那么我的光明德性就不会不显明，这样才真正与天地万物合为一体。这就是《大学》所说的使光明的德性在普天之下彰显出来，也就是《大学》进一步所说的家庭和睦、国家安定和天下太平，也就是《中庸》所说的充分发挥人类和万物的本性（尽性）。"

这段话的意思是，良知的有无不是你说有就有，必须要知行合一，要到事上磨炼。要致良知，也就是说，要光明你的良知（明明德），必须到在万事万物上（亲民）。不然的话，那就成了禅宗，只说不做。

弟子问："既然如此，做到'止于至善'为什么又那么重要呢？"

王阳明回答："所谓'至善'，是'明德''亲民'的终极法则。天命的性质是精纯的至善，它那灵明而不暗昧的特质，就是至善的显现，就是明德的本体，也就是我们所说的'良知'。'至善'的显现，表现在肯定对的、否定错的，轻的、重、厚的、薄的，都能根据当时的感觉而展现出来，它富于变化却没有固定的形式，然而也都是浑然天成地处于中道的事物，所以它是人的规矩与物的法度的最高形式，其中不容许有些微的设计筹划、增益减损存在。其中若稍微有一点设计筹划、增益减损，那就是出于私心的意念和可笑的智慧，而并不是真正意义上的'至善'。只有将'慎独'（自己独处时也非常谨慎，时刻检点自己的言行）做到精益求精、一以贯之境界的人才能达到如此境界。后人因为不知道'达到至善'的关键在于我们自己的心，而是用自己掺杂私欲的智慧从外面去揣摩测度，以为天下的事事物物各有它自己的道理，因此掩盖了评判是非的标准，使'心为统帅'的简单道理变得支离破碎、四分五裂，人们的私欲泛滥而公正的天理灭亡，明德亲民的学养由此在世界上变得混乱不堪。在古代就有想使明德昭明于天下的人，然而因为他们不知道止于至善，所以使得自己夹杂私欲的心过于膨胀、拔高，最后流于虚妄空寂，而对齐家、治国、平天下的真实内容无所帮助，佛家和道家两种流派就是这样的。古来就有希望亲民的人，然而由于他们不知道止于至善，使自己的私心陷于卑微的琐事中，因此将精力消耗在玩弄权谋智术上，从而没有了真诚的仁爱恻隐之心，春秋五霸这些功利之徒就是这样的。这都是由于不知道止于至善的过失啊。所以止于至善对于明德和亲民来说，就像用规矩画方圆一样，就像用尺度量长短一样，就像用权衡称轻重一样。所以说方圆如果不止于规矩，就失去了准则；如果长短不止于尺度，丈量就会出错；如果轻重不止于权衡，重量就不准确。而明明德、亲民不止于至善，其基础就不复存在。所以用止于至善来亲民，并使其明德更加光明，这就是所说的大人的学养。"

止于至善，说的就是按良知的指引做事。

弟子问："'知道要止于至善的道理，然后自己的志向才得以确定；志向确定，然后身心才能安静；身心安静，然后才能安于目前的处境；安于目前的处境，然后才能虑事精详；虑事精详，然后才能得到至善的境界。'这是什么意思呢？"

王阳明回答："人们只是不知道'至善'就在自己心中，所以总是向外面事物上寻求，以为事事物物都有自己的定理，从而在事事物物中去寻求'至善'，所以使得求取至善的方式、方法变得支离决裂、错杂纷纭，而不知道求取至善有一个确定的方向。如果你知道至善就在自己心中，而不用向外面去寻求，这样意志就有了确定的方向，从而就没有支离决裂、错杂纷纭的弊病了。没有支离决裂、错杂纷纭的困扰，那么心就不会妄动而能处于安静。心不妄动而能安静，那么在日常生活中，就能从容不迫、闲暇安适从而安于目前的处境。能够安于目前的处境，那么只要有一个念头产生，只要有对某事的感受出现：它是属于至善的呢？还是非至善呢？我心中的良知自然会以详细审视的本能对它进行精细的观察，因而能够达到虑事精详。能够虑事精详，那么我的分辨就没有不精确的，我的处事就没有不恰当的，从而至善就能够得到了。"

只有让自己的良知正常工作,那就能做到定、静、安、虑、得。由此可知,良知并不仅是一种美德,还能助你做成一切事。

弟子问:"任何事物都有根本和末梢,从前的理学家把彰显德性当作根本,把使民众涤除污垢永做新人当作末梢,这两者是从内心修养和外部用功的相互对应的两个部分。事情有开始和结束,从前的理学家把知道止于至善作为开始,把行为达到至善作为结束,这也是一件事情的首尾相顾、因果相承。像您这种把新民作为亲民的说法,是否跟儒家学者有关本末终始的说法有些不一致呢?"

王阳明回答:"有关事情开始与结束的说法,大致上是这样的。就是把新民作为亲民,而说显明德性为本,亲爱民众为末,这种说法也不是不可以。但是不应当将本末分成两种事物。树的根干称为本,树的枝梢称为末,它们只是一个物,因此才称为本与末。如果说是两种物,那么既然是截然分开的两种物,又怎么能说是相互关联的本和末呢?使民众自新的意思既然与亲爱人民不同,那么显明德性的功夫自然与使民众自新为两件事了。如果明白彰显光明的德性是为了亲爱民众,而亲爱民众才能彰显光明的德性,那么彰显德性和亲爱民众怎么能截然分开为两件事呢?理学家的说法,是因为不明白明德与亲民本来是一件事,反而认为是两件事,因此虽然知道根本和末梢应当是一体的,却也不得不把它们区分为两种事物了。"

朱熹解释《大学》,认为是新民,而不是亲民,王阳明认为是亲民。再次阐释"知行合一"。

弟子问:"从'古代想使天下人都能发扬自己本身具有的光明德性的人',直到'首先要修正本身的行为',按照先生您'明德亲民'的说法去贯通,也能得到正确、圆满的理解。现在我斗胆请教您,从'要想修正本身的行为',直到'增进自己的知识,在于能够析物穷理',在这些修为的用功次第上又该如何具体地下功夫呢?"

王阳明回答:"此处正是在详细说明明德、亲民、止于至善的功夫。人们所说的身体、心灵、意念、知觉、事物,就是修身用功的条理之所在,虽然它们各有自己的内涵,实际上说的只是一种东西。而格物、致知、诚意、正心、修身,就是在现实中运用条理的功夫,虽然它们各有自己的名称,而实际上说的只是一件事情。什么叫作身心的形体呢?这是指身心起作用的功能而说的。什么叫作身心的灵明呢?这是指身心能做主宰的作用而说的。什么叫作修身呢?这里指的是要为善去恶的行为。我们的身体能自动地去为善去恶吗?必然是起主宰作用的灵明想为善去恶,然后起具体作用的形体才能够为善去恶。所以希望修身的人,必须首先要摆正他的心。然而心的本体就是性,性天生来都是善的,因此心的本体本来没有不正的。那怎么用得着去作正心的功夫呢?因为心的本体本来没有不正的,但是自从有意念产生之后,心中才有了不正的成分,所以凡是希望正心的人,必须在意念产生时去加以校正。若是产生一个善念,就像喜爱美色那样去真正喜欢它,若是产生一个恶念,就像厌恶极臭的东西那样去真正讨厌它,这样意念就没有不诚正的,而心也就可以得正了。然而意念一经发动、产生,有的是善的,有的是恶的,若不及时明白区分它的善恶,就会将真假对错混淆起来,这样的话,虽然想使意念变得真实无妄,实际上也是不可能的,所以必须在致知上下功夫。

"'致'就是达到的意思,就像常说的'丧致乎哀'的'致'

字,《易经》中说到'知至至之','知至'就是知道了,'至之'就是要达到。所谓的'致知',并不是后来的儒家学者所说的扩充知识的意思,而是指的达到我心本具的良知。这种良知,就是孟子说的'是非之心,人皆有之'的那种知性。这种知是知非的知性,不需要思考,它就知道,不需要学习,它就能做到,因此我们称它为良知。这是天命赋予的属性,这是我们心灵的本体,它就是自自然然灵昭明觉的那个主体。凡是有意念产生的时候,我们心中的良知就没有不知道的。它若是善念,唯有我们心中的良知自然知道,它若是不善之念,也唯有我们心中的良知自然知道。这是谁也无法给予他人的那种性体。

"所以说,虽然小人多行不善,甚至达到无恶不作的地步,但当他见到君子时,也会不自在地掩盖自己的恶行,并极力地辩称自己做的是善事,由此可以看到,就是小人的良知也具有不容许他埋没的特质。今日若想辨别善恶以使意念变得真诚无妄,其关键只在于按照良知的判断去行事而已。为什么呢?因为当一个善念产生时,人们心中的良知就知道它是善的,如果此时不能真心诚意地去喜欢它,甚至反而背道而驰地去远离它,那么这就是把善当作恶,从而故意隐藏自己知善的良知了。而当一个恶念产生时,人们心中的良知就知道它是不善的,如果此时不能真心诚意地去讨厌它,甚或反而把它落实到实际行动上,那么这就是把恶当作善,从而故意隐藏自己知恶的良知了。像这样的话,那虽然说心里知道,但实际上跟不知道是一样的,那还怎么能够使意念变得真实无妄呢?

"现在对于良知所知的善意,没有不真诚地去喜欢的,对于良知所知的恶意,没有不真诚地去讨厌的,这样由于不欺骗自己的良知,那么他的意念就可以变得真实无妄了。然而要想正确运用自己的良知，这怎能是含糊不清而空洞无物的说辞呢？必然是有其实在内容的。所以说要想致知的话，必然要在格物上下功夫。'物'就是事的意思，凡有意念产生时，必然有一件事情，意念所系缚的事情称做'物'。'格'就是正的意思，指的是把不正的校正过来使它变成正的这个意思。校正不正的，就是说要祛除恶的意念和言行。变成正的，就是说要发善意、讲善言、做善行，这才是格字的内涵。《尚书》中有'格于上下''格于文祖''格其非心'的说法，格物的'格'字实际上兼有它们的意思。

"良知所知道的善，虽然人们真诚地想去喜欢它，但若不在善的意念所在的事情上去实实在在地践履善的价值，那么具体的事情就有未被完全校正的地方，从而可以说那喜欢善的愿望还有不诚恳的成分。良知所知道的恶，虽然人们真诚地想去讨厌它，但若不在恶的意念所在的事情上实实在在地去铲除恶的表现，那么具体的事情就有未被完全校正的地方，从而可以说那讨厌恶的愿望还有不诚恳的成分。如今在良知所知道的善事上，也就是善意所在的事情上实实在在地去为善，使善的言行没有不尽善尽美的。在良知所知道的恶事上，也就是恶意所在的事情上实实在在地祛除恶，使恶的言行没有不被祛除干净的。在这之后具体的事情就没有不被校正的成分存在，我的良知所知道的内容就没有亏缺、覆盖的地方，从而它就得以达到纯洁至善的极点了。

"此后，我们的心才会愉快坦然，再也没有其他的遗憾，从而真正做到为人谦虚。然后心中产生的意念才没有自欺的成分，才可以说我们的意念真正诚实无妄了。所以《大学》中说道：'系于事上的心念端正后，知识自然就能丰富；知识得以丰富，意念也就变得真诚；意念能够真诚，心情就会保持平正；心情能够平正，本身的行为就会合乎规范。'虽然修身的功夫和条理有先后次序之分,然而其心行的本体却是始终如一的,确实没有先后次序的分别。虽然正心的功夫和条理没有先后次序之分,但在生活中保持心念的精诚纯一,在这一点上是不能有一丝一毫欠缺的。由此可见,格物、致知、诚意、正心这一学说,阐述了尧舜传承的真正精神,也是孔子学说的心印之所在。"

良知是件法宝,使用它不需要任何繁琐的程序,也不需要任何咒语,只要你按它的意思去行事,就是最好的使用方式。

这就是王阳明《大学问》告诉我们的一个终极真理,用王阳明的话说:这个道理不是我告诉你的,这个道理其实就在你心中:天下一切事,都是你良知的事。

后 记

当王阳明和你谈"心即理"时,他其实想谈的是"知行合一"。当他和你谈"知行合一"时,他其实想谈的是"致良知"。当他和你谈"致良知"时,他其实想谈的只是"诚意"。所以归根结底,阳明心学的落脚点就是一个"诚"字。

如果这样理解阳明学,显然有偷懒之嫌。阳明学虽然是伦理哲学,但毕竟是一门哲学。哲学就必有它的构成要素,诸如世界观、人生观、方法论等,这既是阳明心学的骨架,也是阳明心学的灵魂。

只有深刻理解王阳明的世界观,你才能知道他为何苦口婆心地要人致良知和致良知背后的生命智慧。只有真正明白王阳明的人生观,你才能悟透为什么杜维明说21世纪是王阳明的世纪。

乍一看,是我为王阳明心学构建了这个体系,其实,王阳明本人已经用四句教暗示了众生。这不是一本原创的著作,因为所有的内容都来自王阳明，这也是一本原创著作，因为王阳明从未明示过的心学体系，我将它昭示了天下。

在此感谢天下和书院诸位同仁，这是一所虽然年轻，却以王阳明为代言人的书院，正合我意。当然，还要感谢的是读客图书的盛亮，他永远是激励我向上的源泉。

度阴山

2015年6月13日

激发个人成长

多年以来,千千万万有经验的读者,都会定期查看熊猫君家的最新书目,挑选满足自己成长需求的新书。

读客图书以"激发个人成长"为使命,在以下三个方面为您精选优质图书:

1. 精神成长
熊猫君家精彩绝伦的小说文库和人文类图书,帮助你成为永远充满梦想、勇气和爱的人!

2. 知识结构成长
熊猫君家的历史类、社科类图书,帮助你了解从宇宙诞生、文明演变直至今日世界之形成的方方面面。

3. 工作技能成长
熊猫君家的经管类、家教类图书,指引你更好地工作、更有效率地生活,减少人生中的烦恼。

每一本读客图书都轻松好读,精彩绝伦,充满无穷阅读乐趣!

认准读客熊猫

读客所有图书,在书脊、腰封、封底和前后勒口都有"**读客熊猫**"标志。

两步帮你快速找到读客图书

1. 找读客熊猫

2. 找黑白格子

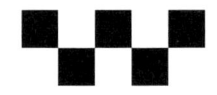